后浪

ビジネス思考法
使いこなしブック

解决
问题的
三大
思考工具

[日] 吉泽准特 著

张祎诺 译

江西人民出版社
Jiangxi People's Publishing House
全国百佳出版社

前　言

　　在我的上一部作品——《熟练掌握思维框架》中，我对商务中经常用到的思维框架进行了具体说明，并依次介绍了一些类似的思维框架。

　　思维框架让我们的工作更加有效率，只要加以活用，就能大大缩短工作时间。因为希望能够帮助大家利用空闲时间拓展自己的事业，或是多做一些自己喜欢的事情，所以我们出版了这本书。此书发行后，我开始听到一些读者的反馈，这让我有了以下的思考。

　　　　思维框架的使用方法固然重要，但如果我们不能系统地理解它的前提——思考方式，我们还能充分享受思维框架带来的高效吗？

　　非常遗憾，凭鄙人的前作很难让大家系统地学习思维发散的方法，最大限度地活用思维框架，为此，希望大家能够基于以往的经验对其加以理解。

　　目前，系统介绍逻辑思考、横向思考、批判性思考的书籍并不多，相信本书对那些想要综合学习商务思考方法基础及应用的人会有所帮助。

　　最后，由衷感谢牺牲了无数假期给予我支持与鼓励的妻儿，以及在紧张的日程中一直帮助我的久保田编辑。

吉泽准特

2012 年 7 月

为熟练
掌握**本书**内容

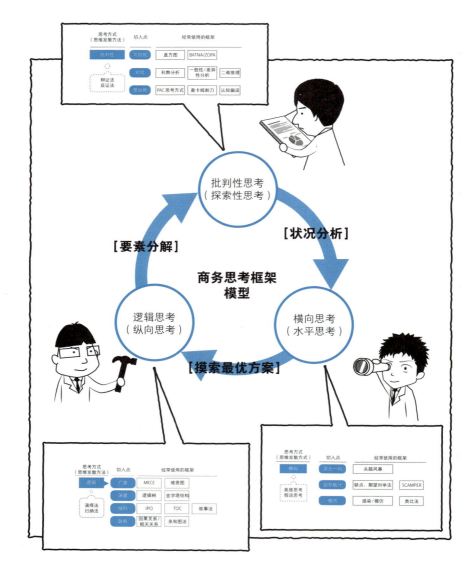

本书构成与阅读方法

本书通过序章以及之后的4个章节分别对逻辑思考、横向思考、批判性思考进行介绍。为了让我们清楚了解这三大思考工具的区别，序章准备了一个小案例。在此基础上，第1章展示了思考方式的体系，第2章通过案例分析基本篇，说明如何实践并灵活运用这些思考方式。第3章对具体思考方式的工具进行了解说，最后在第4章的案例分析应用篇中，将介绍一些具有实践性的使用方法。

因为每一章节都涉及逻辑思考、横向思考以及批判性思考，所以只要能有意识地区分、比较它们之间不同的思维发散方式，就能更快掌握这三大思考工具。

序章	通过"向孩子们分配巧克力"这一问题，学习并掌握三大思考工具（逻辑思考、横向思考以及批判性思考）的不同，这也是第1章的前提。
1章	学习三大思考工具各自的思维发散方法（逻辑：演绎法/归纳法；横向：类推思考/假说思考；批判性：辩证法/反证法）。
2章	以面包店为题材列举5个案例，通过这些案例学习逻辑、横向、批判性这三大思考工具的区别以及各类情况下最适合的解决方案。
3章	为了让大家在任何场合都能熟练运用这三大思考工具，本章会结合一些小案例，向大家详细介绍10种不同切入点下的22个商务思维框架。
4章	以真实的有名事例为基础列举案例，使用在第3章学到的22个商务思维框架，分别用逻辑思考、横向思考以及批判性思考解决问题。

目 录
contents

序　章
了解解决问题的思考方式

第 1 章

问题解决的王道

第 2 章

案例分析基本篇（使用不同的思考方式解决问题）

第 3 章
职场常用的商务思维框架

帮助你加深理解的
出场人物与背景

想要迅速掌握这三大思考工具，就需要进行实际应用。像学习课本那样只记忆理论是行不通的，因此本书第2章与第4章都是案例分析。在第3章中，为了清楚介绍整个思考过程，会频繁出现一些商务思维框架，对此也将通过小例子进行说明。

为了让这些框架相互关联且容易联想，本书所有的案例都将在以下同一个背景中展开。

东麦夫

从属于NICE HARVEST公司的面包事业部企划科。和新人相比略有一些经验，性格坚忍，遇到不懂的事情勇于挑战。擅长逻辑思考。

NICE HARVEST 公司

麦夫就职的综合食品生产公司。最近面包事业部成为公司的事业中心，合作店铺的面包销售比重越来越大。直营店直接销售新鲜出炉的面包，为提高公司的品牌形象发挥着作用。

濑左见芝麻彦

从属于NICE HARVEST公司的面包事业部企划科，与麦夫同期进入公司。他有着可爱的面庞、狂野的发型以及勇敢活泼的个性。每当面对小照前辈，就会展现出温和的一面。擅长横向思考。

山型照也（小照前辈）

从属于NICE HARVEST公司的面包事业部企划科，是麦夫和芝麻彦的前辈。与容易冲动行事的麦夫与芝麻彦相比，是个能够做到冷静思考的cool guy(很酷的人)。擅长批判性思考。

各式各样的面包

NICE HARVEST公司的面包事业部里有各式各样的面包，比如美容面包、大口面包、蛋糕卷等既有趣味性又美味的面包，它们将在接下来的案例中出现并考验你的思考能力。

序 章

了解解决问题的思考方式

本章通过"向孩子们分配巧克力"这一问题，学习并掌握三大思考工具（逻辑思考、横向思考以及批判性思考）的不同，这也是第1章的前提。

第1章　问题解决的王道

第2章　案例分析基本篇 使用不同的思考方式解决问题

第3章　职场常用的商务思维框架

第4章　案例分析实践篇 学习有名的事例

0-1

如何做到公平分配

 马上进入问题

你去拜访一位朋友。

过了一会儿，你准备离开。这时朋友对你说："我从关岛买了巧克力，带给你的孩子们尝尝吧。"然后，他就给了你9块同等大小、独立包装的巧克力。

但是，你有4个活泼的儿子，无法将9块巧克力均等地分给他们。就这样把9块巧克力带回家的话，很可能会引发争吵。

巧克力 ×9块　　　　　　　男孩 ×4人

如何才能避免争吵，平均地把巧克力分给4个孩子呢？

麦夫的想法：把多出来的巧克力平均分成4份

如果想要把9块巧克力平均地分给4个人，我们可以不用想得那么复杂。先分给每个人2块，然后再把多出来的巧克力横竖各切一刀，平均分成4份。这样就可以做到平均分配。

9块 ÷ 4人

= 2块余 1块

1块 ÷ 4人 = $\frac{1}{4}$块

人均：4块 + $\frac{1}{4}$块

芝麻彦的想法：灵活的想法——融化后分成4等份

　　既然一块一块地进行分配会有剩余，那么我们为何不先将所有的巧克力汇总起来，然后再平均分配呢？只要将巧克力全部加热融化，再准备4个杯子，分别注入等量的热巧克力，就可以做到公平分配。

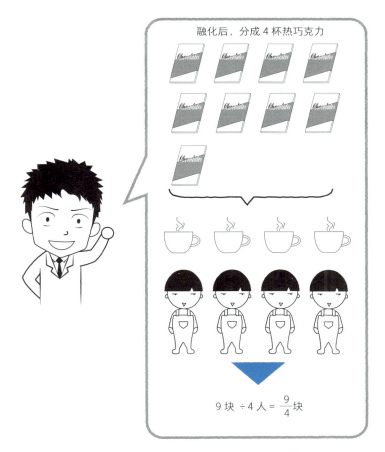

融化后，分成4杯热巧克力

$$9 块 \div 4 人 = \frac{9}{4} 块$$

人均：$\frac{9}{4}$ 块（一杯的量）

小照前辈的想法：为了分配方便，可以减少巧克力的数量

　　虽然题目要求把巧克力平均分给4个人，但并没说要把"9块巧克力全部"分配出去，所以，我们只要当作只有8块巧克力，然后给每个人各分2块，就可以简单地完成分配了。

　　因为孩子们并不知道一开始总共有几块巧克力，所以可以认为分配是公平的。

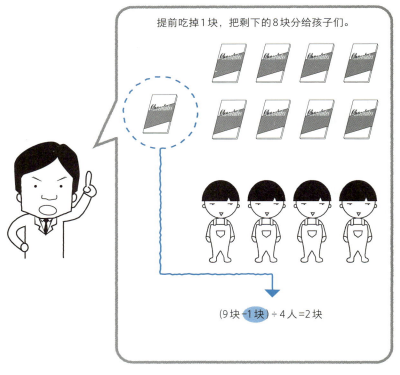

人均：**2块**

不同的思维方式

刚刚介绍了三种巧克力的分配方法。你最先想到的方法更偏向于哪一种呢?

这三大思考工具各具特点,如果简单地进行分类,那么可以说麦夫采用的是"逻辑思考",芝麻彦采用的是"横向思考",而小照前辈则采用了"批判性思考"。

说起逻辑思考,想必很多人都听说过。随着"知识储备""费米问题"等说法的流行,这种把一个复杂的问题抽象化、图表化,将其分解成多个相对容易解决的小问题,最后再有逻辑地各个击破的方法也逐渐为人们熟知。其实这就是逻辑思考。

但是,并不是所有问题都能通过正面进攻解决。有时我们需要从多角度掌握周围的情况,甚至需要对问题的大前提提出质疑。

需要在短时间内做出高效判断的"篮中训练法思维"、从无到有的"创造性思维"、纵观全局的"后设认知思维"等,都是解决难题的思考方式。但其中最简单、最基本的就是重视灵光一闪的"横向思考"和直击事物本质的"批判性思考"。

讲到这里,如果还有读者觉得大脑比较混乱、把握不到具体的形象,或是道理都明白但不懂具体的使用方法,就可以从认真阅读第1章开始,先来了解逻辑思考、横向思考与批判性思考之间的区别。

如果你觉得自己已经明白了它们之间的差异,就可以直接从第2章开始阅读,这样会更有效率。

序章　**了解解决问题的思考方式**

问题解决的王道

本章将学习三大思考工具各自的思维发散方法（逻辑：演绎法/归纳法；横向：类推思考/假说思考；批判性：辩证法/反证法）。

第 **2** 章　**案例分析基本篇**　使用不同的思考方式解决问题

第 **3** 章　**职场常用的商务思维框架**

第 **4** 章　**案例分析实践篇**　学习有名的事例

三大思考工具的基本思路

逻辑思考并不是万能的

一说到思考方式，大部分人都会联想到逻辑思考。这种思考方式非常基础，有逻辑性且思路明确，不仅经常被用于商务世界，也被广泛运用在社会生活当中。

但是，逻辑思考并不是万能的。这个世界上还有很多无法从正面解决，需要转换思维才能解决的问题。只有当我们突破逻辑束缚、努力探寻史无前例的新想法，不囫囵吞枣，学会提出质疑并加以验证的时候，我们才能100%地活用逻辑思考，解决各种情况下的难题。

这是解决问题的王道，而支撑它的是三个最基本的思考方式。

※ 很多书籍虽然明确区分了逻辑思考与横向思考的区别，但对批判性思考的划分并不清晰。本书把批判性思考界定为"直击事物本质的思考方式"。

解决问题最基本的三大思考工具

逻辑思考

（纵向思考）

逻辑思考是指将事物各要素有逻辑地进行分解的纵向思考方式。当面对一个巨大而复杂的问题时，我们通常会从"如何用简单的单位对问题进行划分"开始，一步一步展开思考。具体的方法有演绎法与归纳法。

> 演绎法

> 归纳法

横向思考

（水平思考）

横向思考会把目光集中在解决问题的多样性上，然后从中选出最优方案。使用这种思考方式时，我们会考虑各种可能性，比如"有没有更简单的解决方法？""如果遇到类似的案例，我该怎么做？"具体的方法有类推思考与假说思考。

> 类推思考

> 假说思考

批判性思考

（探索性思考）

批判性思考是一种质疑现状，从 Why/So What 这两个方面入手，先搞清楚真正想要达到的目的，再去寻找解决方案的探索性思考。在已知的前提下思考"问题的本质到底是什么？有没有更具实践性的做法？"并在已知信息基础上自主地确立课题。具体的方法有辩证法与反证法。

> 辩证法

> 反证法

1-2

逻辑思考是什么

 演绎法与归纳法这两种思考方法

　　请大家回想一下在序章中，麦夫面对巧克力分配问题时给出的答案。他先把分配对象即巧克力分解成一个个的要素，然后再进行平均分配。

人均：**4块 + $\frac{1}{4}$ 块**

　　浮现在麦夫脑海里的，是一种"把固体进行切分"的思维定式。比如，蛋糕店里经常能看到的小蛋糕，就是从一整个圆形大蛋糕中切出来的。通过这种切分，人们可以买到一人份的蛋糕，这说明把固体进行切分的想法是合理的。由此可以推测，"巧克力也是固体，也可以像蛋糕那样先切再分配"，并且这种分配是公平的。因此，只要把前8块巧克力按照顺序进行分配，再把多出来的一块一横一竖4等分后分给孩子们，问题就可以解决了。

麦夫把刚才提到的思维定式作为一个规律（一般理论），去思考如何分配巧克力——这是演绎型的思考方法。还有一种方法是通过整理各种案例，从中找出规律。

比如，试着在问题前加上如下前提。

以前，当朋友送给我苹果的时候，我可以把苹果平均地分给孩子们。所以，如果我收到的是橘子，和收到苹果时的分配方法是一样的。

我们可以通过事实总结出"朋友只会送给我可以进行物理分配，且能够平均分配的礼物"这一规律。试着把这个规律套用在巧克力上，就能得到"对8块巧克力进行物理平分，再把无法分配的、剩下的一块进行4等分"这一答案了。

这是从个别案例中获得启示，并运用到下一案例的结果预测之中的归纳型思考方法。

演绎型与归纳型的思考方法，是基于过去事实或推测对事物进行判断的。但我们也应该认识到，当过去的经验无法灵活适用于现有情况，逻辑思考很可能是无效的。

下面让我们具体认识一下演绎法和归纳法。

1-3 逻辑思考的思维方式①
演绎法

通过个别事实+一般规律得到结论

演绎法是指通过个别事实与一般情况下通用的规律来预测结果的方法。英文叫作 Deduction。以下例子就是基本的演绎法。

"麦夫是人。"　　　← 个别事实

"人一定会死。"　　← 一般规律

"麦夫一定会死。"　← 可预测到的结果

这种方法的优势

该方法中最常见的是三段论法，可以说这是一种最简单、最基本的思考方法。一起来看看下面的逻辑思维过程。如果巧克力螺旋面包属于点心面包，那么点心面包的一般规律也可以套用在巧克力螺旋面包上。

巧克力螺旋面包是点心面包。（个别事实）

孩子们喜欢点心面包。（一般规律）

所以，巧克力螺旋面包很受孩子们的欢迎。（可预测到的结果）

需要注意的地方

演绎法中，一般规律发挥着重要作用。这一规律越让人感到不自然、越让人无法认同，对方的反应就会越消极。

就刚才举的巧克力螺旋面包的例子来说，只有在"孩子们喜欢点心面包"这一规律合理的前提下，推断才能成立。但事实上，孩子们的口味各种各样，所以孩子们都喜欢点心面包的说法纯属谬论。这世上肯定还有一些因为过敏没办法吃点心面包的孩子。如果对方注意到了这些反例，就会对你产生"主观臆断太严重""分析不够"等消极评价，对之后的讨论也有不好的影响。

所以，在给出一般规律的时候，应该仔细观察对方的反应。一旦发现对方持有疑问或否定的态度，就马上提出其他规律。否则，讨论很可能就到此为止了。为了避免这种情况的发生，我们应该多准备几个规律和结论来灵活应对对方的反应。

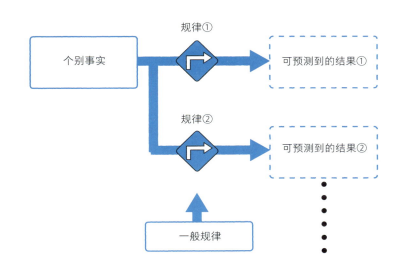

逻辑思考的思维方式②
归纳法

通过个别事实预测整体情况

归纳法是指通过个别事实的集合推断出整体规律的方法。英文叫作Induction。下例就是基本的归纳法。

麦夫要睡觉。	←个别事实
芝麻彦要睡觉。	←个别事实
小照前辈要睡觉。	←个别事实
所以人类一定要睡觉。	←可预想的规律

一般会先用归纳法推断出可预想的规律，然后再进入演绎法的流程展开下一步行动。

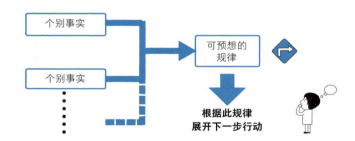

这种方法的优势

如果能在一开始就把规律作为结论提出来，大家就可以在把握整体框架的基础上顺利地进行交流。无论是说话的一方还是听话的一方，都可以在对整体有一定把握的前提下进行讨论。

吐司面包、法国面包和红豆面包都含有小麦。

所以，面包都含有小麦。

如果上述个例可以作为面包中的典型，那么"面包都含有小麦"这一规律就是广泛通用的。这种对事实按照顺序、有理有据地逐一进行论证的方法，可以不断加深对方的理解，最终得到对方的认同——这就是归纳法的优势。

 需要注意的地方

但是，只要举出一个不使用小麦做面包（用米粉做面包）的例子，就可以轻易颠覆刚才阐述的结论。也就是说，一点点累积起来的逻辑有在顷刻之间崩溃的风险。因此，不断巩固对方的理解，一步一步脚踏实地地展开讨论很重要。

如果个别事实，即逻辑的前提中含有推测或者片面断定的成分，那么逻辑中的错误与矛盾就很容易被他人指出。但是，只要我们能把被指出的事实作为特例进行说明，那么讨论的过程就会维持在"基本的思路"上，所以请不要马上就选择放弃。

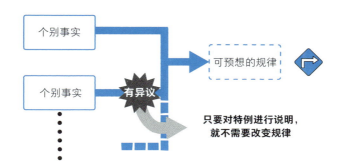

横向思考是什么

 从"相似点"入手，探寻解决方案

请大家回忆一下在序章中，芝麻彦面对巧克力分配问题时给出的答案。他站在一个高度上看待巧克力本身，并把目光集中在物体的性质这一细节上，通过观察物体状态的变化找到了解决方案。

人均：$\frac{9}{4}$块（一杯的量）

浮现在芝麻彦脑海中的思维过程是：观察到"握住巧克力以后，巧克力就会渐渐融化"这一性质，从而推测出"可以把巧克力当成液体"，最终得出"只要把9块巧克力全部融化成热巧克力，就可以把它们平均分配到4个杯子中"这一假说。

事实上，没有人规定一定要在固体的状态下进行分配，而且使之变成液体，更容易实现平均分配。横向思考的特征就是，从相似的地方或相似的要素入手，提出假设并进行验证，由此找到解决问题的线索。

因为横向思考需要换一个角度观察对象，所以也被称为水平思考。

为了让大家更切实地体会到这一点，下面介绍一个有名的问题。

在你面前有 A、B 两个玻璃杯，分别装有等量的红酒与水。现在用勺子取出玻璃杯 A 中的一勺液体，倒入玻璃杯 B 中，与此同时，把玻璃杯 B 中的一勺液体倒入玻璃杯 A。将这套动作重复两次之后，比较玻璃杯 A 中的水与玻璃杯 B 中的红酒哪个更多？

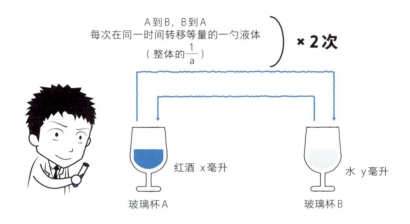

请大家试着想象一下把一勺红酒倒入透明的水里的样子。水中会出现模糊的红色，再过一会儿会渐渐变成淡红色的水溶液。而将一勺水倒入红酒后，液体的颜色则不会有太大的变化。

如果再重复一次这个动作，两个玻璃杯又分别会发生什么变化呢？

实际操作后发现，玻璃杯 A 中的红色基本没有变化，但是玻璃杯 B 中的粉色变浓了。这可能会让我们感觉玻璃杯 B 中混入的红酒量比玻璃杯 A 中混入的水更多。

但事实是什么？我们该如何做出判断呢？如果是拥有逻辑思维的麦夫，应该会做出如下回答。

· 假设玻璃杯A中有x毫升红酒，玻璃杯B中有y毫升水。

※ 虽然x与y是相等的，但是为了方便区分，在此分别进行了表示。

· 假设一个勺子所能装下的液体，是玻璃杯液体总量的 $\frac{1}{a}$。

因为第一次交换液体的时候，双方都移动了一勺的量（总量的 $\frac{1}{a}$），所以公式如下：

第1次移动后的玻璃杯A　　$x - \frac{1}{a}(x) + \frac{1}{a}(y)$ 毫升

第1次移动后的玻璃杯B　　$y - \frac{1}{a}(y) + \frac{1}{a}(x)$ 毫升

第2次液体的移动量仍然相同。为了让公式看起来简单一点，这里把第1次移动后的玻璃杯A内的液体总量设为X，玻璃杯B内的液体总量设为Y，公式如下：

第2次移动后的玻璃杯A　　$X - \frac{1}{a}(X) + \frac{1}{a}(Y)$ 毫升

第2次移动后的玻璃杯B　　$Y - \frac{1}{a}(Y) + \frac{1}{a}(X)$ 毫升

把公式中的X，Y全部用x，y表示（代入），可得：

第2次移动后的玻璃杯A

$$x - \frac{1}{a}(x) + \frac{1}{a}(y) - \frac{1}{a}(x - \frac{1}{a}(x) + \frac{1}{a}(y)) + \frac{1}{a}(y - \frac{1}{a}(y) + \frac{1}{a}(x))$$
$$= x(1 - \frac{2}{a} + \frac{2}{a^2}) + y(\frac{2}{a} - \frac{2}{a^2})$$

第2次移动后的玻璃杯B

$$y - \frac{1}{a}(y) + \frac{1}{a}(x) - \frac{1}{a}(y - \frac{1}{a}(y) + \frac{1}{a}(x)) + \frac{1}{a}(x - \frac{1}{a}(x) + \frac{1}{a}(y))$$
$$= y(1 - \frac{2}{a} + \frac{2}{a^2}) + x(\frac{2}{a} - \frac{2}{a^2})$$

如最开始说的那样，x与y相等，所以玻璃杯A中含水（y）的量与玻璃杯B中含红酒（x）的量也相等，都混入了液体总量（$\frac{1}{a} - \frac{1}{a^2}$）倍的液体。

真不愧是麦夫，使用正面攻击的方法解决了问题。只要使用逻辑思考，就可以先把问题切分成可以解决的大小，再进行处理。

但其实根本没必要进行这么复杂的计算。请大家再仔细思考一下，只要两个玻璃杯的液体总量是一样的，那么双方的混入量也应该相同。

如果其中一方混入得多，那么最后两个杯子中的液体量不可能一样。

我们再看看麦夫思考的公式。第2次移动后玻璃杯A与玻璃杯B的公式，其实就是x与y的位置正好相反的镜子公式。第1次移动后玻璃杯A与玻璃杯B也是如此，再怎么置换，x与y的混入比例都是一样的。也就是说，无论置换多少次，两个杯子中的混入量都是相等的。

相等的量无论置换多少次
混入量都不变

横向思考中，经常会使用类推思考来验证发散性思维的多样性，然后再用假说思考验证各种想法的可行性。我们会从下一页开始详细地进行介绍。

1-6

横向思考的思维方式①
类推思考

 从"相似点"着手

类推思考的做法是，先对内容、性质相似的事物进行类推，或对看上去相似的事物进行类比，然后再进行对象分析。这也被称为Analogy。

比如，每当说到柑橘类的水果，我们往往会想到常见的橘子或香橙。相信大家也都吃过，可能有的人嘴里还会产生一种又甜又酸的感觉。

但是，当说到金橘、贾巴拉柑橘、晚白柚这些不太能吃到的水果，你又会马上联想到什么味道呢？

很可能一听说是柑橘类水果，嘴里就会有酸酸的感觉吧。这是因为你的大脑进行了如下的思考。

因为这个水果是柑橘类，所以一定有酸味。

也就是说，先提取已知事物的特征，再推测类似却不太了解的事物的性质。这种思考方法就是"类推"。

对其内容或性质进行类似的推测

即"类推"

关于类比，有这样一个例子。

　　一家人来到河边露营。他们本来想烤肉，但因为运气很好钓到了鱼，所以想用鱼来做晚餐。虽然不知道钓上来的到底是什么鱼，但他们还是把鱼放在了烤肉架上，想试着烤烤看。

为什么这家人明明不知道鱼的种类，还要选择"烤"鱼呢？

如果有人吃过烤鱼，他就会知道烤过的鱼能吃。无论是金枪鱼、鲣鱼这种红肉鱼，还是鲷鱼、比目鱼这种白肉鱼，都可以烤来吃。所以会引发人们如下的联想：

　　因为这是鱼，所以烧烤过后可以吃。

　　总之，这种思考方法根据已知事物的形象，推测形状相似的未知事物的性质。这就是"类比"。

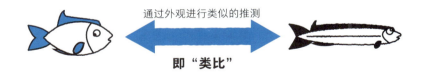

通过外观进行类似的推测

即"类比"

虽然根据性质进行的推测叫作类推，根据外观进行的推测叫作类比，但实际运用过程中，没必要有意识地区分二者。只需要简单地理解为"通过相似之物产生联想"就可以了。

这种方法的优势

类推思考的优势在于，能从对比事物的关联性中得到新的发现。再举个更实用的例子巩固复习一下吧。

当我们试着在一些店铺售卖超大份炒面面包时，发现其中有两家店早晚的销量特别好。根据调查发现，这两家店有一个共同点，就是附近都有男子学校。

因为类推思考会从共同特点下手，所以在炒面面包的例子中，我们应该先把目光集中在这两家销量好的店铺的共同点上。在了解到共同点是附近都有男子学校后，我们就可以展开下一步行动，验证它到底是不是销量好的原因。

假设我们通过验证发现了如下新事实。

让店员对购买超大份炒面面包的客人进行记录。果不其然，大多数的购买者都是男校的学生。

验证到这里，我们可以得到"应该在其他靠近男校的店铺里售卖超大份炒面面包，以此提高该店铺的销售额"这一结论。如果随后发现这一结论并不成立，可以再去寻找其他共同点，并以此为线索继续进行验证。

类推思考能为我们提供分析的线索。把课题对象与有相似性质或结构的事物进行对比，能帮我们找出课题对象的优点或应改进之处，这就是类推思考的优势。

需要注意的地方

虽然类推思考非常容易上手，但如果面对任何问题都使用这种方法，很可能导致错误的结论。举个简单的例子，假设你为了应对大型地震，提前准备好了矿泉水和灯油。那么，你会把它们保管在什么地方呢？

如果使用类推思考，从矿泉水和灯油的共同点入手做出以下分析，事情会发展成什么样子呢？

> 矿泉水和灯油都是液体。因为平时很少会用到，所以应该保存在密封的容器中并置于屋外。

从逻辑上听起来是正确的，但是这个分析没有考虑到水（矿泉水）和油（灯油）在性质上的重大差异。虽然水和油都是液体，但是油在遇热后容易着火。如果把灯油罐一直放在夏日的烈阳下，会有引发火灾的危险。

所以我们应该先搞清楚自己的目的，对目标对象的特征进行多方面判断，如果差异多于共同点，那么在使用类推思考时就需格外注意。

横向思考的思维方式②
假说思考

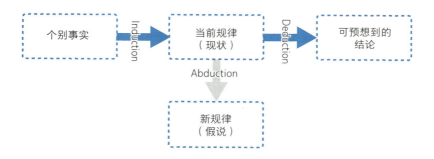

提出假说解决问题

假说思考，是指通过提出假说（Abduction）找到解决方案。逻辑思考的基础——演绎法（Deduction）与归纳法（Induction）都是朝着同一方向展开理论论述的，但是如果发现错误，就应该给出其他的假设，展开试错（Trial and error），迅速改变理论方向。

演绎法的英文是Deduction。"de"代表"向外"。大家可以记忆为：走出规律，利用规律从外部进行预测。

归纳法的英文是Induction。"in"表示"向内"。大家可以记忆为：走进规律内部。

假说思考的基础是提出假设，英文为Abduction。"ab"是"离开"的意思，大家可以记忆为：离开当前的规律，寻找全新的规律。

比如，以下过程就属于基本的假说思考。假说一旦有误，就需要重新更改假设，继续解决问题。

现有规律（现状）

　　麦夫骑着自行车从正面向你驶来，如果保持现在的方向不变，就会和麦夫撞上，那么应该往左躲避还是往右躲避呢？

假说（新规律）

　　根据交通法规，车辆（包括自行车）应沿左侧行驶，所以双方只要一起向左打方向就可以避开对方。

假说的结果

　　糟了，对方靠右行驶了。

下一个假说（又一个新的规律）

　　对方应该也很着急。如果现在改变方向，他又会想要避让了，所以我还是按照现在的方向行驶吧。

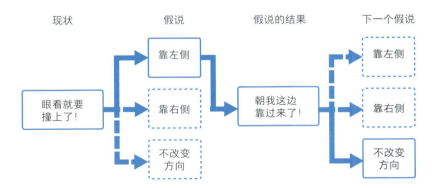

这种方法的优势

面对眼前的问题，如果我们鲁莽地展开行动，行动将没有效率。我们在现实生活中对此应该都深有体会。

举个例子，如果晚上想喝水，不得不从床上爬起来，这时家里漆黑一片，你准备怎么走到厨房呢？

你可以摸着黑走，但也许走廊里散落的书或玩具会让你吃点苦头。假如你狠心一脚踩下去，很可能引发流血事件，更不用说走到厨房了。但如果你一边开灯一边前进，就可以避开障碍物、一点点接近厨房了。

如果怀着走一步看一步的想法，那么即使知道有危险，你可能还是会选择在黑暗中前进。但是如果一开始就提出"只要开灯，就可以安全到达厨房"的假设，虽然可能会多花一些时间，但一定能确保走到厨房。

可以说假说思考是在众多选项中考虑"是否麻烦"与"效果大小"的平衡，从中选择更优的方法。

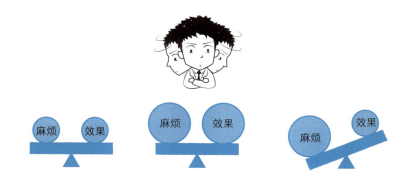

需要注意的地方

若是普通问题，使用假说思考自然可以，但如果涉及专业性很强的领域，专业人才就必不可少了。之所以这么说，是因为如果没有懂得专业知识的人，就容易遗漏重要前提，甚至可能完全走错方向。

我们来看看下面这个例子。

> 在某个面包工场内，由于面包制作机的位置很分散，想要给各零售店发货十分麻烦。面包制作机的分布不合理是耗费时间的最主要原因，为了改变现状，需要改善面包制作机的分布位置，以此提高效率。

面包工场的制作机器越密集，发货的效率越高。但是这个判断真的没问题吗？

事实上，这个面包工场里有针对小麦过敏人群特别设置的米粉面包制作机。如果这种机器过于靠近普通面包机，就可能混入小麦粉。如果未考虑这一特殊情况就提出改善方案，很可能会造成大面积返工的状况。

错误发现得越晚，问题解决起来越费劲。所以最好在一开始就邀请了解相关背景、懂得具体内容的专业人才加入讨论。

假说思考集团 ＝ 不是很了解情况的人 ＋ 专业人才

1-8

批判性思考是什么

搞清楚你到底想要什么结果

请大家回忆一下序章中小照前辈面对巧克力分配问题时的回答。他的做法是先搞清楚最终的目的、期待的结果到底是什么，再去寻找最佳解决方案。

人均：2块

小照前辈想到的是，孩子们只是偶然得到了巧克力，因为完全有可能什么都收不到，所以就算只能得到1块巧克力，也是赚的。因此他得到了"如果巧克力的数量正好能被4整除，则最简单公平"的结论。

一般人可能会想把9块巧克力全部分出去，但是只分8块也确实没有任何问题。虽然这可能是个出乎意料的回答，但如果我们关注的是目的，那么这个结论就是合理的。这就是批判性思考的思考方式。

因为批判性思考需要深入挖掘现有情况，不断地询问"为什么会这样？""这真的正确吗？"所以被称为批判性思考，也叫作探索性思考。一起来看看下面的案例。

业绩多年处于低迷状态的同行A公司，因为抓住了进军印度的机会，销售额逐年攀升。而本公司的销售额也一直处于缩水状态，收益不断减少。为了打破这一状况，我们也应该打入印度市场。

提出这一建议的原因是，打入印度市场的决策让曾经和我们有相同处境的A公司成功提高了收益，所以只要我们也打入印度市场，就可以获得相同的结果。

但是再仔细想想，虽然从时间上说，A公司的业绩确实是从进军印度后开始提升的，但要说进军印度是业绩提升的原因，逻辑上就有一些跳跃了。也许是刚好在进军印度市场期间，A公司成功开发了某种商品，或在某次市场营销中大获成功。

只有验证了A公司在营业额提高以来做过的所有举措，才能找到营业额升的真正原因。但是现在根本没有时间对A公司的全部举措逐一进行验证。还要注意不能因为在分析作业上花费过多的时间，而错过决策的关键时点。

从下一页开始，我们将详细介绍批判性思考中最基本的两个方法——辩证法与反证法。

1-9 批判性思考的思维方式① 辩证法

 在"对立"中寻找新方案

辩证法是深入分析问题的前提以及所处状况，然后通过权衡各种对立的方案来找到新方案的方法。哲学中的辩证法非常复杂，在这里向大家介绍的是更为实用的辩证法。

（对立意见）

这只矛可以击穿任何防御武器。 ←主张 A
这只盾可以防御任何攻击。 ←主张 B

（比较研究）

虽然双方的主张对立，但是通过确认发现了以下事实：
在单手持盾的情况下，盾的平衡被打破从而被矛击穿。
在双手持盾的情况下，矛尖会承受不住压力然后崩裂。

（新的意见）

虽然这只矛可以破坏任何防御武器，但是只要双手拿好这只盾，就可以抵御它的攻击。

如果主张 A 成立，则主张 B 不成立，反之亦然。这时需要对两个主张进行比较研究，整理双方的相同点与不同点，找到意见统一的必要条件。上面这个例子，两个主张都建立在矛盾相撞的基础上，所以我们需要进一步调查矛攻盾之后到底会发生什么。

结果发现，根据条件不同，矛盾之一会发生损坏。基于上述内容，

46

只要对主张 A、B 中想当然的部分进行修改，就能提出公认的新主张。

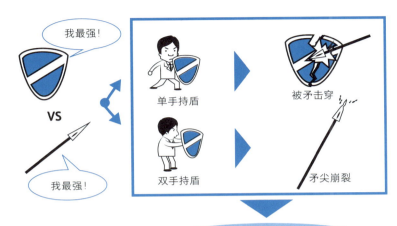

调整条件就可使双方主张都成立

在辩证法中，首先需要提出命题的研讨草案，并在议论中提出反命题（意见或反论）。反命题可以帮助我们重新审视问题及问题的前提，找出其他可能性。还可以在此基础上，提出最终的综合命题（折中方案）。

刚刚的例子中，主张 A 和主张 B 分别是命题与反命题，而新意见则是综合命题。

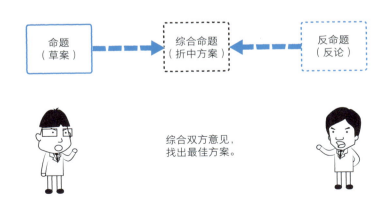

综合双方意见，
找出最佳方案。

为什么会出现这种相互矛盾的意见呢？当事人都主张自己的意见正确无误，而这些意见也的确都有自己正确的一面。但是，意见的前提条件不同，就会产生争议。

矛和盾的故事中，盾的使用方法直接影响到双方主张成立与否。所以，需要整理各主张的前提条件，从而找到折中方案，使双方能够达成一致。这种推进方法适用于所有需要对现况进行调整的情况。

比如，我们在日常生活中也可以使用辩证法。

麦夫

今天中午不想吃肉，想吃点清淡的食物。

芝麻彦

但是我的肚子好饿，不想吃蔬菜。

小照前辈

那我们去吃刺身套餐吧。

麦夫不想吃肉这种不易消化的食物，芝麻彦又觉得蔬菜吃不饱。为了尊重双方的意见，选择大家都满意的午餐，就需要找到两种意见的妥协点。

这时，小照前辈注意到芝麻彦认为麦夫说的"清淡的食物"就是蔬菜。如果双方是在认识上存在差异，那么双方的意见就还有统一的余地。因此小照前辈提议去吃比肉类更健康，比蔬菜更具分量的刺身套餐。

辩证法可以像这样根据情况灵活地进行应对，它的优势是能统一利害关系不一致的双方的意见。

需要注意的地方

比起结论，辩证法更重视过程。虽然那些重视对话过程的人能够感受到辩证法的优势，但想要完全统合所有相关方的意见，往往需要漫长的调整时间。

比如在日本国会上提出的冲绳美军基地的转移问题，自 2009 年秋季日本民主党执政以来①，就针对把冲绳普天间基地搬迁到县（相当于中国的省级行政区划）外的这一公约，不断和美国、冲绳县及其他都道府县进行交涉。但事实上并不存在令所有人的利害关系都一致的选项，所以这个问题至今依旧没有得到解决。

无论是多么重要的决定，如果为了达成一致需要花费数年之久，那么这一决定只会落后于时代，丧失其重要性。当你必须在竞争环境中拿出成绩的时候，要像"兵贵拙速"说的一般，即使有意见不统一的地方，只要大致内容得到众人的认同，就要当机立断。

但是如果一味地追求速度，按照自己的需要片面地理解对方的想法，就会引发相关方的反感。对于那些你比较重视的对象，应设置一个场所，面对面倾听对方的所有意见，使对方感受到"自己的意见得到尊重"的心安与同伴意识。

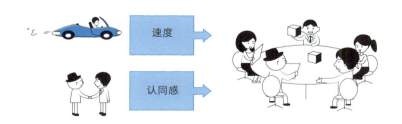

---

① 本书原版出版于 2012 年 7 月，时值日本民主党执政。2016 年 3 月，日本民主党与日本维新党合并，称为日本民进党。——编者注

49

批判性思考的思维方式②
反证法

 利用"否定"找出其他方案的合理性

反证法是把眼前所有方案中的问题、缺点以及矛盾全部列举出来予以否定，使用排除法找到其他方案的合理性。下例就是基本的反证法。

现在的情况

有一个诚实的店员和一个不诚实的店员，他们之中有一个人卖甜面包，一个人卖超辣面包。你只能问一个问题，那么问什么问题才能买到甜面包呢？

诚实的店员

不诚实的店员

甜面包

超辣面包

正面进攻法与可预测到的回答

直接问店员"你在卖甜面包吗？"

①店里卖的是甜面包，诚实的店员回答"YES"。

②店里卖的是甜面包，不诚实的店员回答"NO"。

③店里卖的是超辣面包，诚实的店员回答"NO"。

④店里卖的是超辣面包，不诚实的店员回答"YES"。

要想成功选出甜面包，我们需要让②的回答为YES，让④的回答为NO，也就是说，让卖甜面包的店员回答YES，让卖超辣面包的店员回答NO。为此，我们的提问必须使不诚实的店员再否定一次自己的回答。

结论

应提问："如果我问你这家店是否有甜面包，你会回答YES，是吗？"如果店员回答"YES"，那就在这家买甜面包，如果回答"NO"，就去另一家买甜面包。

这种先给出假设方案再探讨其合理性的做法，和属于横向思维的假说思考很像。但是与假说思考不同的是，反证法是在整体认同对方意见的前提下展开讨论的。

上述例子中，没有因为正面进攻法不奏效就选择放弃，而是在此基础上考虑其他方案。如果能提前在脑海里预测大家的回答，就可以找到让他人无法提出异议且能最快得到结论的反提案。

这种方法的优势

想要驳回与自己不同的意见时，如果采用攻击对方想法上的缺点的交流方式，会引起对方的反感。无论是谁，绞尽脑汁想出来的意见遭人否定，一定不是愉快的事。

然而，因为反证法是从肯定对方入手的，所以在最开始的阶段不会和对方产生情感上的对立。如果能从思想内容上让对方觉得他的意见应该被驳回，那么对方会在理解的前提下主动收回自己的意见。这就是反证法的最大优势。

例：选择去哪个公园游玩

A君："我们还能玩两个小时。这里离家大概20分钟，我们是在这附近的远方公园玩，
　　　　还是在离家近的邻近公园玩呢？我想在邻近公园玩。"

B君："啊……肯定要去远方公园玩呀。因为马上就可以开始玩了嘛。"

A君："这样啊，那我们去远方公园玩吧。不过现在天阴了，要是玩的时候下起雨来，
　　　　就会被淋湿，而且我们回去还要20分钟，路上就得全身湿透了。"

B君："嗯……我也不想被雨淋湿。我知道了，我们先回到家附近，然后在邻近公园玩吧。"

反证法也可以用在对逻辑思考的重新审视上。逻辑思考中的归纳法是把事例集中起来从而得到规律的方法，但是只要找到一个反例就可以推翻这个规律。而反证法正是通过这种方法诱导对方改变意见。

 需要注意的地方

反证法是在假定对方逻辑成立的前提下展开讨论的。就算证明了对方的逻辑不通，也只能说明这种逻辑不正确，而不能让对方马上接受你的意见。

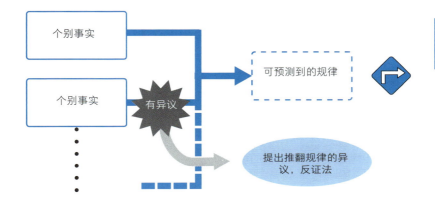

前面所述的公园的例子，B君之所以能认同A君，并打消自己的念头，是因为只有远方公园和近邻公园两个选项。如果B君还知道其他公园，那么只能说选项之一被排除了，还需要进一步缩小范围。

为了引导对方赞同你的意见，需要下功夫让自己的意见成为能解决对方逻辑问题的反提案，并尽力让对方在讨论过程中认同你的观点。

1-11 区分三大思考工具的重点

注意三大思考工具的区别！

只要能理解逻辑思考、横向思考以及批判性思考之间的区别，就能根据其特点充分掌握它们的使用方法。

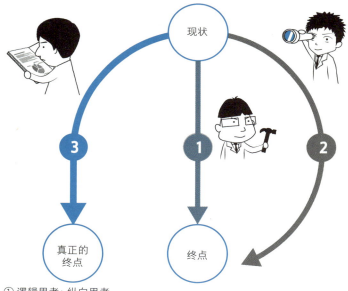

现状

真正的终点

终点

① 逻辑思考：纵向思考

② 横向思考：水平思考

③ 批判性思考：探索性思考

逻辑思考的回顾

逻辑思考是解决问题最基本的武器。这种思考方式把所有人都能理解的、客观的正确答案作为问题的终点，而它则作为一个"钻头"，帮助我们开辟通往终点的道路。

但是，直直地朝着终点前进未必是最短路径。因为途中可能会有大石头（问题）堵住你的去路。想要破坏这块巨石（解决问题）需要花费巨大的精力，所以万事都依赖这种思考方式并不是明智之举。

 横向思考的回顾

横向思考是一架"双筒望远镜"，它帮助我们看清周围，从其他角度看待问题。我们可以选择改变开拓道路的方向、绕过岩石（避开问题），也可以选择减小岩石的大小或数量，从而提高思考的效率。

但是有时候我们选择的道路也许是不正确的，这时无论怎样在前进方法上下功夫也无济于事。如果在当下所处的位置（前提条件）上，无论怎么努力获得的价值依然很小，就需要从头寻找其他地方（重新审视前提条件），从根本上审视这个问题。

 批判性思考的回顾

批判性思考是一张"地图"，它能帮我们确认眼前的道路是否正确。通过它我们可以判断何时使用望远镜（横向思考）观察四周、用"钻头"（逻辑思考）开辟道路，从而找到最合适的路线。

因此，最好的方法是，用批判性思考设定最合适的前提，用横向思考从各个案例以及参考信息中找到解决方案，最后用逻辑思维对各个课题逐一击破。

灵活使用三大思考工具的 4 个步骤

①利用批判性思考从质疑现状开始

最先采取的行动应该是质疑现状。

舍弃获得的信息都是正确的这一前提，从识别眼前的信息是"事实"还是"推测"开始。如果是事实，就找到其出处；如果是推测，就确认它是如何被推测出来的。不停地进行确认直到自己能够认同，这个过程很重要。

例如，假设现在有一个还没被人抢占的市场或服务行业。如果只站在"我想卖出去！"的角度上思考，那么你的脑海里可能会浮现出一幅没有任何竞争对手的蓝海战略前景。但如果从"真的能获取利益吗？"着手验证，可能会得到"因为收益不高，所以其他公司刻意选择了回避"这一结论（红海战略）。

再举个具体点的例子，就拿面包店来说吧。

有一家面包店只接受现金付款。如果改成信用卡付款，客人能够付款的金额就增多了，他们可能会一次性购买更多的面包，销售量和营业额也会随之增加。

如果仅通过上述信息进行判断，那么结论自然是"导入信用卡付款"。但是，如果我们得知了以下信息，又会如何抉择呢？

　　如果面包店接受信用卡付款，那么作为使用该服务的手续费，每次交易都需要向信用卡公司支付销售额的 5%，外加 200 日元的固定手续费。

当客人使用信用卡买了两个 200 日元的面包时，面包店就需要向该信用卡公司支付 220 日元的手续费（400 日元 × 5% ＋ 200 日元）。如果制作面包的原材料费为 200 日元，那么当销售额为 400 日元的时候，总成本就是 420 日元（原材料费 200 日元＋手续费 220 日元），从而导致收不抵支。

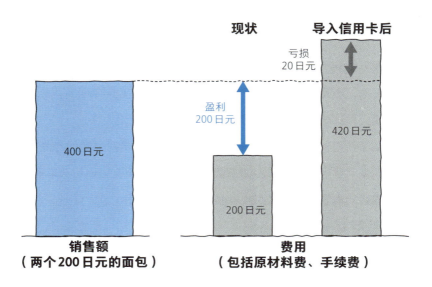

实际上，大部分人在买面包的时候，只会买两三个面包。这样一来，就算客流量因为支持信用卡支付而翻倍，但因为每笔生意都是亏损的，面包店只会越卖越赔。这种情况下得到的结论和刚刚"导入信用卡付款"的结论完全相反。

所以，使用批判性思考，可以避免我们往错误的方向前行。

②利用横向思考寻找周围的相似案例

没人能保证自己想到的方案一定是最佳方案。相反，把视野放得广阔一点，多听听其他人的想法或事例，很可能会帮助我们找到更好的方案。

在前面提到的面包店的例子中，我们用批判性思考得出了最好不要导入信用卡支付的结论。但是，这只能说明信用卡这种方法收益不高，不代表没有"让顾客消费比身上所持现金更多的钱，一次性购买更多面包"的方法。

事实上，我们可以从"和信用卡拥有同种性质（没带现金也可以付款）"这一点入手。是否有一种收益率高的小额支付方式呢？经过寻找，我们找到了微支付这种小额支付服务。在这一领域中，有已经得到普及的，不需要花太多手续费的电子货币服务（Edy[①]、Suica[②]），也有每次交易只需支付2%手续费的支付服务。

如果使用只需2%手续费的微支付，那么当卖出两个200日元的面包时，手续费只有8日元（400日元×2%）。因为微支付使用起来很方便，进店的顾客可能会因此变多或者买东西时大手一点，这些都会为面包店带来巨大的收益。

① Edy卡是日本乐天公司发行的预付型购物卡，可以在全日本各大便利店和商场通过刷卡实现快捷支付。——编者注
② Suica是由东日本旅客铁路公司（JR东日本）发行，适用于在日本乘坐铁路、公交及购物的IC卡。——编者注

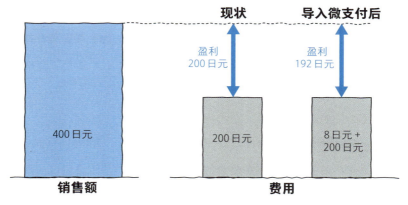

现状　　　　导入微支付后

盈利
200日元

盈利
192日元

400日元　　　　200日元　　　　8日元 +
200日元

销售额　　　　　　　　费用

③用逻辑思考分解问题

通过横向思考，我们找到了比信用卡更好的方案——微支付（假设是Suica）。那么接下来，我们具体怎么做才能实现这个方案呢？

想在面包店投入使用Suica微支付服务，必须在一开始就制定好计划。先搞清楚最终想要得到的效果是什么，也就是给目的赋予具体的形象，然后再明确要走到终点我们需要做哪些工作。

先列举所有你能想到的"想要实现的效果"，然后整理出为达成目标需要做的准备，就能得到以下内容。

为此……

目的	必要的准备
导入Suica	联系提供Suica的企业，确认合同内容以及导入程序。
决定合同内容以及导入程序	获取提供方企业的加入许可，准备该服务必需的机器设备。
准备Suica必需的机器设备	调整已安装设备店铺的网络通信条件。

想要成功导入Sucia，不仅需要和提供方企业确认合同内容以及导入程序，还要推进Suica读取设备的安装准备工作。而且在安装设备之前，还需要调整网络通信环境。这样一步步思考，一步步对工作内容进行分解的做法正是逻辑思考所擅长的。

④综合看待事物

面包店的案例中，增加收益的关键在于舍弃信用卡支付就能提高收益的想法，从最根本的目标——收益率着手，找到微支付这种收益率高的小额支付方式。

只要能放下自己曾经深信不疑的想法，灵活地接受新事实，不断改变解决问题的方法，优化组合各个方法，就能实现持续性的改善。当然，这不是一次就能做到的，需要不断地实践。

也就是说，需要反复练习"用批判性思考分析现状，然后用横向思考摸索最优路径，最后用逻辑思考对问题进行分解"这一连串动作。

看过以上解说，可能很多人会认为，想解决一个问题，只要从批判性思考走到逻辑思考就可以了。其实并非如此。在使用逻辑思考对问题进行分解后，有时候我们还需要继续使用批判性思考重新审视问题的情况和前提，然后用横向思考摸索更好的方式，确定好方向后用逻辑思考再次分解具体的分解内容。

也就是说，逻辑、横向、批判性这三大思考工具呈环形按顺序相互关联。这三大思考工具之间的关系构成了商务思考框架的原则，也是本书的基础。

若用图形进行简单表述，即为下图的"商务思考框架模型"。

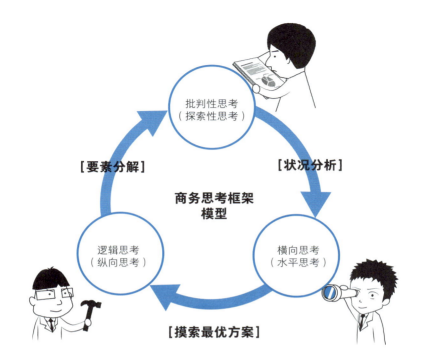

通过以上内容，你是否已经了解了各思考方式的作用以及彼此之间的关系呢？如果你的脑海里能马上浮现上图所示的商务思考框架模型以及图中逻辑思考、横向思考、批判性思考的基本思路，就可以进入下一章的学习了。

下一章我们将通过一些案例学习各思考方式的区别。让我们一起看看"逻辑思维""横向思维"以及"批判性思维"分别是怎么思考的。

专栏① **海龟汤**

● "海龟汤" 是什么？

横向思考之所以是横向的，是因为在它的思考过程中需要对各种可能性进行验证，而支撑这种思考方式的就是思维发散能力。这种能力引导我们从散落在四周的众多信息中突发奇想、茅塞顿开。我们很难通过正统的学习方式掌握这种能力，但有一种推理游戏能让我们一边乐在其中，一边锻炼这种能力。

请看下面这个故事。

有一个男人在餐厅里点了海龟汤。他尝了一口就把服务员叫过来，问道："这真的是海龟汤吗？"服务员回答道："千真万确。"当天晚上，这个男人就自杀了，这是为什么呢？

这是个很有名的问题，正确答案如下。

这个男人曾经因沉船而漂流到无人岛上，等了很久都没等到救援。最终食物也吃完了，一起漂流到岛上的其他同伴也因为体力透支而相继死去。

活下来的人不堪饥饿，就选择吃死人的尸体。这个男人非常抗拒这种行为，所以他一天天地衰弱下去。他的同伴见此情形，就骗他说："我们抓到一头海龟，做成了汤。"于是男人喝了汤，和同伴一起存活了下来。

但是活着回来以后，他来到了一家餐厅，吃到了味道完全不一样的海龟汤，这才发现自己当时喝的汤是尸体做的，绝望之余选择了自杀。

这个问题原本是自古流传的都市传说，后来因为一位对思考方式、思维发散技巧非常熟悉的作家——保罗·斯隆，才广泛地为世人所知。

第一次看到这个问题的人，也许会觉得从点餐的故事推导出这样的答案，有点像是无稽之谈。其实这是一种叫作海龟汤的横向推理游戏，它通过发散思维来弄清问题的前提，从而引导出答案。

🔵 游戏规则

"海龟汤"游戏的规则是，出题者提出一个情况并不明朗的问题，回答者为了搞清楚情况，需要不断地进行提问，最终得到答案。

出题者需要事先准备好能让所有人认同的答案，并在面对回答者的提问时，把"正是如此""这很重要"等信息提示给对方。在不断靠近正确答案的过程中，我们能够渐渐培养灵光一现的感觉，这种感觉在横向思考中是必需的。

日本有一个有名的交流网站，上面每天都会出新的题目。所有题目都需要我们对"为什么会变成这样？"进行推理，这将大大地刺激我们的横向思考能力。

网站名称：ラテシン（横思）URL:http://sui-hei.net/

第 2 章

序章　了解解决问题的思考方式

第1章　问题解决的王道

案例分析基本篇
使用不同的思考方式解决问题

本章以面包店为题材列举5个案例，并通过这些案例学习逻辑、横向、批判性这三大思考工具的区别以及各个情况下最适合的解决方案。

第3章　职场常用的商务思维框架

第4章　案例分析实践篇　学习有名的事例

2-0 案例的解读方法

各案例的问题部分与问题解决部分的构成

想要掌握商务思维的使用方法，就必须切身体验各种思考方式的基本模式。在明确需求的情况下学习，能帮我们更好地找到灵活使用各种思考方式的感觉。

需要注意的是，同样是体验不同的商务思考方式，在不懂基本知识以及一般规律的情况下进行挑战，与在知道大致信息的情况下进行挑战，两种情况的效果截然不同。反正都是挑战，何不朝着更有成效的一方努力呢？

本章一共会给出5个案例。接下来就和代替你回答问题的以下三位一起学习什么是正确的思考方式，哪里应该改正吧。

麦夫

使用逻辑思考，
脚踏实地回答问题。

芝麻彦

使用横向思考，
思考无限可能。

小照前辈

使用批判性思考，
自主设定课题。

针对各案例，我们会在开始的一页说明问题。接下来，拥有"逻辑思维"的麦夫、拥有"横向思维"的芝麻彦以及拥有"批判性思维"的小照前辈会分别阐述自己的想法。

你最先想到的方法，更接近谁的想法呢？

三人的思考水平以及提升水平所必要的东西

拥有逻辑思维的麦夫会基于逻辑思考给出案例的解决方案。虽然面对能用正面攻击法解决的问题时，用逻辑思维进行思考最为有效，但是也有很多例子是它解决不了的。

如果你的想法最接近麦夫的答案，应该能通过本书感受到许多问题不止一种解决方法。

拥有横向思维的芝麻彦会基于横向思考解决案例。虽然在你想找到更好的解决方案的时候，横向思维必不可少，但也有些例子是不跳出原有条件、用更广阔的视角思考，就难以解决的。

如果你的想法最接近芝麻彦的方法，一定会感受到在一开始就确认前提条件的必要性。

拥有批判性思维的小照前辈是基于批判性思考找到问题答案的。当不知道什么才是正确答案的情况下，批判性思维往往能为我们指出前进的方向，但是如果没有行动力，也只是纸上谈兵而已。

如果你的想法最接近小照前辈的想法，说明你已经有了高水平的商务思维。但是千万不要忘记在拓宽自己的分析视角的同时，对问题进行深入挖掘，使双方能够保持平衡。

人气面包为什么放在其他店里就卖不出去了？

NICE HARVEST公司是一家致力于面包事业的综合食品生产公司，最近开始在直营店直接售卖面包。总部会对直营店每天的营业额进行统计，以尽快掌握所有直营店的走势。

分析结果发现，在日本千叶县的一家直营店里，"美容面包"的销量比较低迷。

美容面包是一款跨时代的面包，只要吃这种面包皮肤就会变得细腻光滑。因此美容面包畅销全国，在其他直营店里都取得了很好的成绩。美容面包绝对是一款符合社会需求的面包，但不知为何，千叶店的销量总是不尽如人意。

以下是在过去4个月中，千叶店的美容面包和其他人气面包的销售走势。

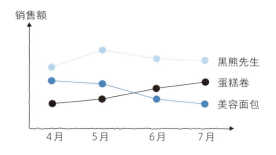

为了改善千叶店的销售状况，你被任命为该店铺的负责人。那么，想要提高店铺的营业额，你应该怎么做呢？

拥有逻辑思维的麦夫是这样想的……

利用问卷调查倾听顾客的心声，锁定销量不佳的原因，再从负责人层面制定改善行动。

对美容面包销量不佳的原因进行要素分解，并分别制定解决方案。

想要提高美容面包的销售额，就需要对如何提高顾客的购买欲望进行分析。

为此，最快的方法就是直接倾听顾客的心声。在收银的时候，将问卷调查发给顾客，请他们就购买美容面包的体验、对美容面包的价格与味道的想法进行回答。

没错！为了提高问卷调查的回答率，还可以向填写了问卷调查的顾客赠送本店的折扣券。

吃过美容面包的人应该会对价格或者味道方面有一些要求，除此之外，还可以借此机会向没有吃过的客人宣传美容面包的好处。先锁定销量不佳的原因，然后再细化各负责人应该采取的行动，最后制定出提升美容面包销量的方案。

讲评见下页 ➡

麦夫想法的优缺点

 从要素分析到展开行动，整个过程简单易懂！

从对美容面包不热卖的原因进行毫无遗漏的要素分解，到针对各原因制定具体的对策，都非常简单易懂。把眼前的问题划分成可以解决的大小，从提高美容面包的销售额入手展开探讨，也能做到使问题解决的姿态前后一致。从不知该如何是好的状态中跳脱出来，遵照作业计划，从负责人的层面展开改善行动。

 还需要思考"本店铺是否存在自身的问题？"

美容面包是全国范围内的热卖商品。大部分直营店的销售业绩都很可观。这种情况下，只有千叶店的销售额不佳，到底是为什么呢？

虽然把焦点集中在改善美容面包销售额上没有错，但如果试着和其他店铺进行对比，抱持本店铺是不是存在自身问题的观点寻找改善方案，也许能更有效地找到其他改善措施。例如，假设千叶店的地区环境与其他店铺相比有明显的差异，那么调查这个差异是否是导致销售额低迷的原因，会比只对顾客进行问卷调查有效率得多。

虽然店铺规模等诸多条件都是非常相似的，但是通过和美容面包销量高的店铺进行对比，很可能会得到一些新的发现。

拥有横向思维的芝麻彦是这样想的……

找出所有对销售额有重要影响的因素，与其他店铺进行对比，找出问题点。

让人在意的是"只有美容面包卖不出去"这一事实。其他面包都卖得不错，而只有某个特定的面包销量不好显然很奇怪。而且，只有千叶店有这种情况，所以肯定是该店铺特有的问题。既然如此，比起只考虑千叶店的情况，通过比较其他店铺找出问题点的做法更有效率。

所以，到底应该站在哪些角度进行比较分析就变得非常重要了。如果和美容面包卖得好的店铺进行比较，应该能够清楚地找出两者的区别。

如果把能想到的对销售额有影响的要素列举出来，应该有消费群体、周边设施、销售面包的种类、店员的待客水平、店内陈列上的差别等可供对比的要素。根据这些要素整理出各店铺的区别，参考销量好的店铺的做法，就能清楚地明白想要提高美容面包的销量，我们应该展开哪些行动。

讲评见下页 ➡

芝麻彦想法的优缺点

 与其他店铺进行比较更有效率

在分析问题时，芝麻彦没有只针对千叶店进行深度挖掘，而是通过和其他店铺的比较进行差异分析，这种做法更有效率。如果能搞清楚其他店铺与千叶店相比优势在哪里，就可以有针对性地参考其他店铺的做法，确定改善方案。

其次，以提高美容面包销售额为目的找寻比较分析的项目这一点也值得肯定。但是，就算找到比较对象，如果比较方式不恰当，得到的结果也没有参考价值。

 还需要思考"真正的目的是什么？"

麦夫的回答也同样存在这个问题——把解决问题的出发点落在了提高千叶店美容面包的销售额这一点上。

如果你是美容面包的销售负责人，这种做法无可厚非。但是你的使命是提高店铺的销售额，所以你需要站在千叶店销售负责人的立场，考虑合适的改善方案。

如果我们的目的是提高千叶店整体的销售额，那么提高美容面包的销售额只是手段之一。虽然整个过程中，我们确实容易把目光转移到美容面包的销量上，但要注意千万不要让"想当然"局限住我们应该探讨的范围。

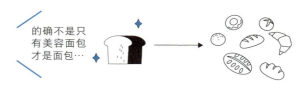

的确不是只有美容面包才是面包…

拥有批判性思维的小照前辈是这样想的……

> 我们不一定非要卖美容面包，而应该配合消费群体更换其他面包。

如果能阻止美容面包的销量下滑，那是再好不过的。但是也没必要坚持卖美容面包。

至少黑熊先生和蛋糕卷的销量都在攀升，所以同类型的面包可能都比美容面包卖得好。

我们可以缩小美容面包的销售空间，换上其他面包，这样就算美容面包的销量下降了，店铺整体的销量仍可能提高。

我们的目标本来就是提高店铺的销售额。站在实现目标的角度上看待这一问题，美容面包的销量提升的确能达成目标，但也只不过是充分条件（能做到的话自然好）罢了。把千叶店的消费群体与其他店铺进行对比，如果喜欢美容面包的群体确实较少，就应该换上适合千叶店顾客的面包。

讲评见下页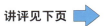

小照前辈想法的优缺点

 从大局出发解决问题

首先，重要的是弄清楚研究对象的范围有多大，以及我们面临的情况究竟是什么。

本案例中提出的任务是提高千叶店的销售额，而且没有对条件进行具体设定。极端点来说，如果有其他比美容面包更好卖的面包，全部替换成那种面包的做法也是可行的。

如果只把目光停留在美容面包上，缺乏大局观，那么你绝对想不到小照前辈这种改善店铺整体营业状况的想法。所以比起没有这种大局观的麦夫和芝麻彦，小照前辈的做法更能从本质上解决问题。

 明确优先顺序，为工作量增加做好准备

这种做法的缺点是，整顿时间会随着相关方的增多而变长，并且越有大局观，相关方就会越多。

如果本例的研究范围是改善千叶店整体的销售额，那么除了美容面包以外，还需要分析其他种类的面包。如果分析对象从1种增加到10种，那么分析的工作量也会成比例增长。虽然有时候需要增派人手展开人海战术，但如果能明确优先顺序，确定工作重点后再展开行动会更有效率。

案例总评

麦夫（逻辑思维）的想法是，制定一个具体的、就问题大小而言相对容易达成的行动计划，以解决眼前的问题。这种思考角度对于需要安排工作的负责人来说是很有用的。

芝麻彦（横向思维）的想法是，借助外力解决自己难以解决的问题。需要说服他人的小组长请务必学会这种思考角度。

小照前辈（批判性思维）的想法不是如何解决每一个问题，而是首先审视有没有做这项工作的必要，以此重新制定整个行动计划。这种思考角度对需要决定工作优先顺序、安排相应人员的管理层来说是必要的。

麦夫的做法和芝麻彦的想法的确都很有必要，但是本次案例中我们被赋予的角色是需要改善千叶店销售额的负责人。店铺营业额直接关系到对该店铺的评价，这需要你站在店铺负责人而非作业者的角度思考问题。如果你把自己定位得低了，就没办法像小照前辈那样找出最合适的改善方案。

想要充分了解真正的需求，就先从"我们的目的到底是什么"这一问题开始展开行动吧。

那么，目的是什么？

销售额骤降的"大口面包"

　　面包直营店之一的千叶店里"大口吃掉系列"面包（以下简称为"大口面包"）向来都是工作日卖得好，但最近周六日也开始热卖起来。

　　另一方面，周四和周五的销量却有所下降。通过比较现在与一个月前的每日销量，就会发现的确有明显的下滑。

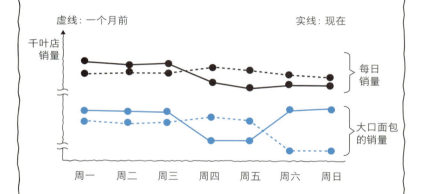

　　虽然销售方式与平时无异，但销售额却开始持续发生变化。并且其他直营店并没有如此大幅度销量变化的情况，所以这应该是千叶店特有的问题。

　　为了恢复周四和周五的销量，应该怎么做呢？请你作为店长，认真思考解决方案。

拥有逻辑思维的麦夫是这样想的……

 用其他销量好的面包代替大口面包，挽回销售额。

　　周四和周五销量明显下降的大口面包，是NICE HARVEST公司屈指可数的大分量面包，深受大食量的男性喜爱。

　　其实我也很喜欢大口面包。忙得没时间吃午饭的时候，只要吃了分量十足的大口面包，就有精力继续努力工作了。

　　因为大口面包有这样的特点，所以我认为一定是它特有的某种因素导致了销售额下降。因此，只要对"和其他销量好的面包相比，大口面包有什么特征"进行分析，就能知道销量下滑的原因了。

　　知道原因之后，在其他面包上验证是否存在这一原因。只要减少这些面包在周四和周五的数量，并用其他卖得好的面包代替，就可以防止销量继续下降了。

讲评见下页

麦夫想法的优缺点

 通过销量比较商品的方法简单有效

把面包分为卖得不好和卖得好的，然后通过对比双方找到提高销量的线索。这种方法既简单又有效。

选出在周四和周五销量好的面包，找到它与大口面包之间的不同点。因为不同点中一定存在使销售额提高的线索，只要进行要素分析，自然就可以找到解决问题的办法。

周四和周五的销量走势调查	甜味的点心面包销量最好·调理面包中口味较清淡的面包销量很好	找出点心面包、调理面包与大口面包的不同点	对不同点进行要素分析，直到找出具体的改善方案

 找准进攻点，更有效地使用资源

虽然效仿上一个案例，把目光集中在要素分析上是个好方法，但在本次案例中，最重要的是销售额走势有变化这一背景。如果店铺和面包都没有发生变化，销量却变化了，那么最先怀疑的应该是外部环境的变化。虽然麦夫的做法也会涉及对外部环境的分析，但如果一开始就针对应该怀疑点进行挖掘，会更有效率。

拥有横向思维的芝麻彦是这样想的……

不仅对销量下滑的原因进行分析，还要调查销量提高的原因，在了解到消费群体变化的前提下考虑改善方案。

　　虽然周四和周五销量下滑的确是个问题，但如果找准面包销量变化这一切入点，就会注意到周六日的销量在提高。大口面包是一种卡路里高、有特点的面包，它的销量应该不会毫无缘由地提高或降低。因为销量的上升和下降是同一时期开始的，所以它们之间应该有关联。

　　通过数据我们发现，周四和周五的销量与周六日的销量就像互换了一样。假设消费群体也有相同的变化，那么对调周四、周五与周六、周日的销售商品和待客方式，是否就能看到成效呢？

　　虽说直觉和胆量十分重要，但是数据支持同样非常必要。可以试着先找到周四和周五销量下滑的原因与周六日销量攀升的原因之间的共同点，然后再对消费群体的变化进行分析。这样做不仅能改善周四和周五的销量，也许还能延续周六日的好势头。

讲评见下页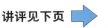

芝麻彦想法的优缺点

 不拘泥于销量的提高和下降，而是对变化本身敏感

芝麻彦之所以能做到不仅关心大口面包卖不出去的理由，同时关注预料之外的销量涨幅，是因为他有更广阔的视野。增也好，减也罢，对变化本身敏感至关重要。

这个案例中，芝麻彦从周四、周五和周六日的变化中得出消费群体可能对调了这一假说。如果该假说成立，那么只要把周六日销售的面包拿到周四和周五销售，就有可能让销售额回升。现有情况下，周六日的销量已经有所增加，今后也有望继续巩固这一涨幅。

如果假说不成立，那么可以针对哪里出了问题展开分析，最终筛选出销量不佳的原因。

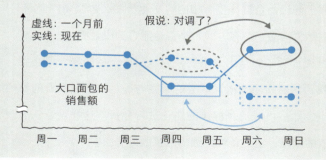

 应该更深层次地挖掘注意到的现象，找出变化的根本原因

为什么芝麻彦会觉得周六日与周四、周五的客人对调了呢？如果能对这一发现进行更深层的挖掘，就能找到变化的根源。

消费群体的交换是现象而非原因，所以依靠权宜之计是不行的。要不遗漏任何难以察觉的变化，找到现象背后最根本的原因。

拥有批判性思维的小照前辈是这样想的……

权宜之计靠不住，应该找到消费群体变化的根本理由，并对此进行改善。

因为周四和周五的销售额下降与周六日的销售额增加发生在同一时期，所以如果千叶店内部没有发生变化，就可以说是外部原因导致了这一现象的发生。

周四和周五的消费群体与周六日的消费群体发生了对调，也就是说人流因为某一契机发生了改变。值得注意的是，该变化涉及两天，能导致如此大规模变化的理由一定不小，所以我们应该抱着这个认识对原因进行分析。

我能想到的工作日与周末两天的人流发生对调的例子，是附近的工厂或公司的上班模式改变，变成了周末上班。在东日本大地震的时候，因为考虑到夏季供电以及区域供电的需求，汽车公司调整了部分上班日期，把周六日定为上班日。

今后也许还有其他因电力原因需要调整上班日期或倒班的公司，如果我们能针对工作模式的变化制定出相应的面包制作计划，可能会获得显著的效果。

讲评见下页

小照前辈想法的优缺点

 深度挖掘假说的影响分析

小照前辈对工作日与休息日的消费群体发生了对调这一假说进行了深度挖掘，从而发现了大背景下的社会性变化。这种方法非常适用于范围广泛的影响分析。

比如，在东日本大地震发生后不久，为了响应电力公司的省电号召，日本汽车行业的很多企业把周四和周五定为休息日，将周六日调整为上班日。因此，员工经常光顾的小商店也受到了影响。

如果通过调查发现周末出勤的情况确实属实，那么就可以在此前提下制定提高营业额的改善方案。只要调整周四、周五销售面包的种类和数量，就不会因为生产过多面包导致浪费。与此同时，还可以通过宣传活动犒劳在周末辛苦工作的员工，以此提高店铺的营业额。如果附近有周末休息的饭店或副食品店，还可以通过增加调理面包的数量来吸引这些店的客人。

其次，在拥有直营店的其他区域，也可能有因节电需要调整上班日的企业。如果是这样，就可以借鉴千叶店的经验并加以活用。

 多考虑一下优先顺序

虽然对假说进行深度挖掘的想法很有大局观，并且经过原因分析后可以得到很多改善方案，但是想要执行所有方案，店铺的人手就会不够。之前的案例也曾涉及这个问题，如果能集中火力实施更高效的对策，就能在有限的工作时间内得到更好的效果。所以请务必抱持优先顺序的观点考虑问题。

总评

麦夫（逻辑思维）的做法是从挖掘并分析对象的特点着手，然后探讨对策。作为分析对象的直接负责人，可以通过比较分析对象与类似对象的特点，找到解决问题的线索。

芝麻彦（横向思维）的做法是，不仅站在卖家的角度，还要站在买家的角度分析变化的原因。通过捕捉变化的鱼眼（鱼眼镜头）来拓宽自己的视角，让大脑闪现出发散性的想法。

小照前辈（批判性思维）的做法是捕捉隐藏在现状下的巨大变化。通过对变化的根本原因进行分析，找到更加有效的对策。

虽然麦夫的想法同样能捕捉到周围的变化，但是想要走到芝麻彦的假说这一步，还需要花费一定的时间。而芝麻彦又没能像小照前辈那样，考虑到社会层面上的变化，所以不可否认，芝麻彦给出的对策也是比较局部、片面的。

不能只看到眼前的现象，找到引起变化的根本原因才是重中之重。如果水桶破了，"把洞堵住"的做法的确能应对现有的问题，但洞可能还会再破。这时不一定非要用这个破桶，还可以选择其他水桶。不过，如果我们不去调查水桶破洞的原因，水桶就可能再次破损。

堵住洞？　　用别的桶？　　桶要是再破了怎么办？

就算早起还是来不及！

直营店中的千叶店又出现问题了。

这个地区有很多要赶去首都圈上班的顾客。为了满足上班族在清晨买到面包的需求，千叶店早上6点就开门了。但是店铺的工作人员也要坐电车上班，就算赶最早一班的电车，到达店铺的时候也已经5点多了。这样就没有充足的时间烤面包，导致开店时货架上只有几种面包。

为此店铺会频繁收到顾客们的反馈："如果种类能再多一些，我也会多买一点。"虽然很想多做些面包提高销售额，但是如果为了增加面包的数量而在前一天晚上做好面包，会导致面包口感下降，造成顾客的流失。

到底是在口感上妥协、用数量来定胜负，还是即使卖得少也坚持在早上做面包、以此保证面包的口感？千叶店到底应该选择哪种方式呢？请站在店长的角度给出你的想法。

拥有逻辑思维的麦夫是这样想的……

找到影响销售额的因素，采用对立方案区分积极因素与消极因素。

因为我们现在的做法是在早上制作新鲜的面包，所以可以马上调查出这种方式下的销量。但是我们并不清楚，如果在前一天就做好面包，会对销售额产生怎样的影响。

这就需要我们先找出影响销售额的因素。

虽然增加面包种类会带来更多客人，但是如果口感变差了，这种面包的销售额也会下降。所以，为了准确把握这两种因素对销量的影响，我们应该每周更换早上销售的新鲜面包的种类，调查这些面包到底能卖出多少。

当拿到了所有数据，再使用前一天做好的面包进行对比试验，记录面包的种类与销量的变化，最后判断应继续采用现在的方案（早晨制作）还是对立方案（提前制作）。

讲评见下页

麦夫想法的优缺点

 易于对现有方案和对立方案进行评价比较

对现有方案（早晨制作）和对立方案（提前制作）进行比较评价，是一种简单易懂的方法。

首先收集现有方案下每种面包的销售额数据，在获得充足数据后试验对立方案，观察每种面包在销售额上的变化情况。结果可能有两种，一是即使提前制作也同样能保证销售量，二是如果不能在早晨制作面包，就会使客人越来越少。我们可以根据这个结果做出相应的判断。

每小时的销售额		早晨制作	提前制作
面包种类	美容面包	10万日元	7万日元
	大口面包	12万日元	8万日元
	法式硬面包	7万日元	4万日元

 没必要拘泥于对立方案

我们通过与现有方案进行比较得出了对立方案，但是为什么一定要实施这个对立方案呢？

案例中写到"想多做些面包提高销售额"，那我们想的应该是如何达成这个目标。既然想要增加面包的销量，就应该在如何在客人变多之前增加作业时间上下功夫。这样既可以保证面包的品质，又可以增加面包的数量。所以从一开始就没必要被对立方案所束缚。

拥有横向思维的芝麻彦是这样想的……

如果做面包的时间不够，就通过增加人手增多作业时间。

之所以想提前做好面包，是因为早上制作面包的时间不够。但是这么做又会造成面包品质的下降。既然如此，为何不增加早上制作面包的时间呢？

例如，你知道铁路公司会让需要赶乘始发车的工作人员住在公司附近的宿舍吗？但对我们公司来说，建造宿舍的成本太高，所以可以面向千叶店附近的居民招募晨间工作人员。这样一来，能在早晨制作面包的店员就变多了。

除此之外，我们还可以想办法缩短制作每个面包的时间。可以提高制作面包的技艺，也可以考虑能显著减少制作工艺的方法。但这些想法无法立即实现，这次暂不采用。

如果早晨的销售额确实有显著提高，那么提高时薪、招募员工，从而增加制作面包总工时的方法无疑是最好的。

讲评见下页 ➡

芝麻彦想法的优缺点

 从其他行业的事例中得到启示

　　参考其他行业如何确保工作人员的晨间出勤，是一种很有效的方法。通过对类似事例的思考，找出适合千叶店的具体方法。这种从其他事例获取灵感、得到假设的做法非常实用。

　　想要增加早晨的面包销售额，就必须增加面包的销售量。案例中只提到了牺牲品质、提前制作的方案，但其实只要增加早晨制作面包的人手，就可以在不牺牲品质的前提下确保面包的数量。可以说，这是一种优于最初方案并且高效的方法。

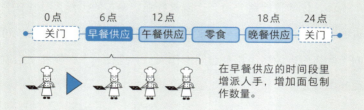

在早餐供应的时间段里增派人手，增加面包制作数量。

 再往前进一步，冲破约束

　　虽然芝麻彦的思考面有宽度，但是在提出方案时多少受到了现有方案与提前制作方案的限制。

　　在案例中，因为想要增加面包的销售量，所以提出了提前制作的方案。这个方案之所以没有被采用，是因为提前制作会导致口感变差，甚至令光顾的客人减少。但是换句话说，只要能避免品质下降，就可以不增加早晨上班的人数。

拥有批判性思维的小照前辈是这样想的……

只要选择那些即使提前制作也不会导致品质下降的面包，就没必要烦恼了。

为了改变现状而提出的对立方案——提前制作的方案的缺点是会使面包品质下降。所以最终不得不选择早上制作的方案……但是，这种认识真的正确吗？

其实不是所有面包都会因为提前制作而导致口感变差。

比如使用了很多黄油的丹麦面包，只要遵守一定程序进行妥善保存，即使在和好面、放置几个小时之后再放入烤箱烘焙，也能够避免品质下降。这在面包行业是众所周知的常识。而且无论是从口感还是营养方面考虑，丹麦面包都非常适合作早餐，其他一些公司也会提前做好这种面包。

还有面包卷一类的面包，只要在做好后妥善保存，就能保证它的味道不变，所以同样适用于提前制作。

千叶店里本来就有黑熊面包（属于丹麦面包）、蛋糕卷这类销量不错的面包，所以小照前辈的方法比增派人手的方法更容易实现。

讲评见下页

小照前辈想法的优缺点

 从质疑前提开始探讨

案例中说到提前制作的方案有令口感变差的缺点，但小照前辈主张"这一前提并不正确"，并以此开始探讨对策。

提前制作的方案是出于想要多做面包的目的被提出的，除去品质方面的问题，其实这是最有效率的方式。但如果从一开始就不存在品质问题，就没必要非在早晨制作的方案上下功夫了。而且，千叶店里本来就有丹麦面包、蛋糕卷这类可以提前制作的面包，这样又省去了开发新面包的时间。

比起需要给早晨上班的工作人员支付相对较高的薪水，在前一天晚上提前制作，让夜间工作人员完成最基本的作业，对控制劳务费、提高店铺收益都有积极的效果。

 在下定决心并实施计划前先做好试验

适合用作早餐的面包种类肯定比现在供应的种类多，但是，提前做好所有种类的面包也有很大风险。

限定几种面包并确认其销售额的变化，就实际需求量进行试验更加保险。

每小时的销售额	早晨制作	提前制作	
黑熊面包	12万日元 ←---→	11万日元	就算提前制作，销售额也没有太大的
蛋糕卷	9万日元 ←---→	9万日元	出入。

（面包的种类）

90

总评

麦夫（逻辑思维）的做法是，比较现有方案与对立方案，探讨两者对销量的影响（正面或负面）。因为用这种方法选出的要素很容易对比，所以得到的结果也能让所有人一目了然。

芝麻彦（横向思维）的做法是，换一个思考方式，对现有方案的缺点进行完善。通过比较现有方案和对立方案，找到第三种更佳方案。

小照前辈（批判性思维）的做法是对对立方案的前提提出质疑。重新审视前提条件，能帮助我们找到更有效的选择。

对默认案例中所有条件都正确的麦夫来说，小照前辈的想法也许就像异世界的产物。

这一次，小照前辈刚好知道有一些面包就算提前制作也不会影响口感，所以有了此次突发奇想。但其实就算没有这个知识储备，擅长对前提的正确性进行验证的小照前辈也会询问了解面包特性的人，最终得出相同的结论。

芝麻彦的想法稍微有些可惜。他选择对面包制作时间不足这一缺点进行完善，这是很棒的想法，但是如果能再想想是否还有更有效的做法，并对其他公司进行广泛考察，想必会得到和小照前辈同样的答案。

横向思维的特征是在外部寻求答案，这可以说和批判性思维中的"质疑前提"是相通的。

2-4 案例④
减少因销量不佳带来的浪费

NICE HARVEST公司生产的面包除了放在直营店售卖，还需要发货给全国的合作店铺。

其中，使用新鲜蔬菜作馅料的"清脆面包"很受欢迎，虽然是销量居高不下的主力商品，但日销量会忽上忽下，差距很大。

最令人头疼的是对原料——新鲜蔬菜的管理。采购前一周必须决定购买的数量，并请合作的农户在当天早上派送新鲜蔬菜。基于这种面包本身的特点，不能因为前一天卖得不好就请对方隔天再送。虽然很浪费，也只能把剩下的蔬菜全部扔掉，并在第二天使用最新鲜的蔬菜，如此循环往复。

如果想要减少浪费，在不影响清脆面包销量的前提下控制每天的发货量，应该怎么做呢？请你作为NICE HARVEST公司的面包生产负责人认真思考这个问题。

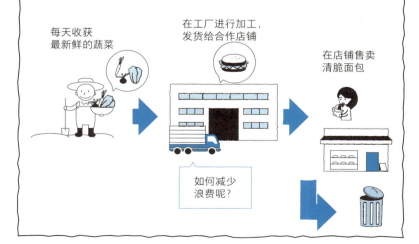

每天收获
最新鲜的蔬菜

在工厂进行加工，
发货给合作店铺

在店铺售卖
清脆面包

如何减少
浪费呢？

拥有逻辑思维的麦夫是这样想的……

对影响销售额的要素进行数据统计，提高对销量的预测精确度。

我们现在已知的是，发给合作店铺的清脆面包销量很不稳定。只要关注这一点，提高对清脆面包销量的预测精确度，就能减少浪费。

为此，我们应从找出影响清脆面包销量的要素入手。比如，是否会受到季节、天气或气温、地区活动等影响。对可能会影响顾客食欲的要素及销量变化进行记录，多少能发现一些倾向。

如果把这些要素作为评价指标，并收集数据，就有望提高对销量的预测精确度，从而逐渐减少对清脆面包的浪费。

讲评见下页

麦夫想法的优缺点

 正统的、能够定量解决问题

只要能准确预测卖出多少面包，就能避免因发货过多导致浪费。从这个方面看，提高预测能力以减少浪费是最正统的方法。

比较工厂生产的面包总数与合作店铺的销售数量，把零差距作为目标，控制工厂的发货数量，就可以最大限度地减少浪费。这种制定预测指标、收集实际数据来提高销量预测精确度的做法，能够帮助我们定量地改善现状。

 灵活应对那些无法预测的外部因素

如果在收集数据期间外部条件发生了变化，那么我们能判断是什么因素引起了销量变化吗？比如电视节目上提到含有蔬菜的面包对健康有好处，那么销量势必会得到暂时的提高。但是你能正确判断电视节目对销量有几成影响，其他因素又有几成影响吗？

其次，就算正确预测了所需数量，如果不能控制新鲜蔬菜的进货量，那么蔬菜同样会被剩下。

为此，我们或许应该以蔬菜剩余为前提，考虑是否还有其他用途，探寻减少浪费的方法。

占卜一下，
准也不准。

拥有横向思维的芝麻彦是这样想的……

一开始就以清脆面包的原料一定会有剩余为前提，考虑如何活用剩余原料的方法更为现实。

提高销量预测精确度以减少浪费是正面进攻的方法，既然提高精确度如此简单，那为什么公司会被这个问题困扰至今呢?

于是我想到，可以将"产生剩余"作为前提，把剩余的面包加工成其他商品。

在将清脆面包从面包工厂派送到合作店铺的时候，可以增加派送的次数，分批发货。如果当日销量不太乐观，就取消最后一次发货。

没有发货的那部分面包本应使用的新鲜蔬菜就可以被冷藏起来，用于那些品质不容易受到影响的加工面包上。这样一来，既可以减少浪费，又不会影响销售额。

不过，想要实现这种方法，就需要像便利店那样增加两到三次的派送，不仅如此，还要建立一个新机制，在傍晚增派人手，负责派送取消时的联络工作。

讲评见下页 ➡

芝麻彦想法的优缺点

 转换思维，以"产生剩余"为前提

　　想要提高销量预测精确度过于理想化，而以"产生剩余"为前提进行改善的想法值得称赞。

　　要实现麦夫主张的提高销量预测的精确度，耗时较多，而且很难准确预测在此期间发生的大环境的变化。既然如此，还不如把本来会被扔掉的原料进行加工、售卖，这样既能减少浪费，又能提高销量。

　　正因为芝麻彦能跳出清脆面包的范畴，才会想到这个方法。

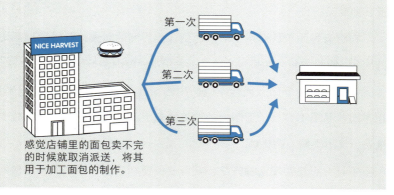

感觉店铺里的面包卖不完的时候就取消派送，将其用于加工面包的制作。

应尝试研究对供货源头的控制

　　如果把剩余原料用于面包加工，那么剩余量越多，越有可能导致新加工面包的滞销。

　　所以最好的办法还是控制剩余量。芝麻彦和麦夫的想法仅局限于NICE HARVEST公司和合作店铺上，但是如果能够控制提供新鲜蔬菜的农户，将更加有助于削减剩余量。

拥有批判性思维的小照前辈是这样想的……

> 每天按照预测销量的80%进货，余下20%根据今天的销售情况进行调整。

由于清脆面包每天的销量都不同，还要根据预测提前一周决定采购量，这让库存管理工作变得很困难。

既然如此，如果我们能尽量控制新鲜蔬菜的进货程序，就不会有这个烦恼了。

比如，增加蔬菜的发货次数，分批次一点点进货。请合作店铺整理当天的销售情况，如果感觉卖不完，就依照合同约定取消农户的最终送货。

而作为农户，肯定希望尽早确定发货量，那么必须购买预测量的80%，剩下的20%可根据当日的销售情况再做决定的折中方案将是最优解决方案。

如果农户找不到购买剩余蔬菜的买家，NICE HARVEST公司可以以相对便宜的价格购买这些蔬菜用于加工面包。这样做既可以和农户保持紧密的联系，又可以最低限度地减少损失。

讲评见下页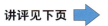

小照前辈想法的优缺点

 基于价值链的最优库存管理

　　从确保清脆面包必需的食材到扩大销路，在整个过程（价值链）中思考最优的库存管理方式，这是一种非常合理的方法。

　　因为农户也希望送货量可以稳定一些，为了增加可行性，可以和农户签订一定量（八成左右）的购买合同。这样一来，农户也更愿意协助我们。此外，我们还可以建立一个安全网，用相对便宜的价格购买剩余的蔬菜，用于加工面包的制作，从而消除农户对蔬菜滞销的顾虑，进一步获取农户的认同。

应准备多个应对蔬菜滞销的对策

　　这是在比较了逻辑思维、横向思维的方案之后得出的更好的折中方案。

　　但这个方案的瓶颈是，若农户的蔬菜滞销，可以按照便宜的价格卖给NICE HARVEST公司这一点。如果能提供其他销售途径，那么小照前辈的方案就会受到更多农户的认同。

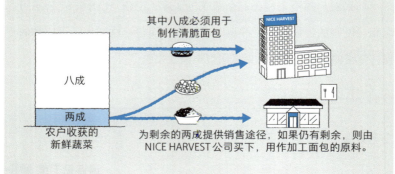

总评

麦夫（逻辑思维）的想法，是通过要素分析与数据收集提高销量预测精确度。库存管理的基本在于权衡生产预测和销售预测，这是一种正统的改善方法。

芝麻彦（横向思维）的做法是，放弃"消除"剩余，认可它的"存在"，并为它找到新用途。这种做法比花时间提高预测精确度更高效。

小照前辈（批判性思维）的做法是在预测销量的同时，摸索无须承担风险的方法。这种方法会尽可能地扩大公司的控制范围。

芝麻彦与小照前辈的区别在于，是否对农户这一供货源头进行掌控。此外，小照前辈规定必须购买蔬菜收获量的80%，但想要实现这一想法，还需要达成麦夫提出的"提高预测精确度，把误差缩小在两成以内"这一目标。可以说小照前辈的想法同时弥补、汇总了麦夫和芝麻彦双方的想法。

逻辑思维与横向思维都会选择在自己能掌控的范围内进行思考，而批判性思维会抱着质疑前提的观点，以更宽广的视角思考如何在价值链上对各要素进行掌控。

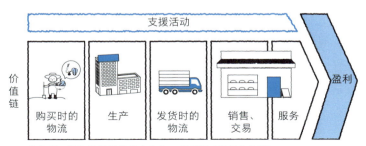

价值链，指把价值提供给客户的一系列活动的具体体现。

案例⑤

打工仔总是拖后腿，真受不了！

　　出于隐私，详情不能完全公开，但是在直营店发挥重要作用的中坚力量——玉子小姐（化名）向店长提出了以下意见。

> 　　我是火腿次郎（化名）的指导员，但无论我怎么教他，他都学不会，这让我十分困扰。让他做订货的工作，经常会发生多订一位数的情况。把制作面团的工作交给他，又会因为他的制作手法马虎草率，导致口感很不稳定。因为他屡屡失误，包括我在内的很多工作人员都需要拿出自己的工作时间来弥补。现在他的行为已经影响到了业务，所以希望能把他撤下来，招聘别的员工。

苦于指导新人的中坚力量
玉子小姐（化名）

　　如果要换人，从招聘到录用，所有手续办下来至少需要一个月。但是现在这家店的人手已经很紧张了，每个人的工作量都很满。如果现在就辞退火腿次郎，店里的排班就会出现人手不足的问题。

　　请站在店长的立场上考虑，应该如何处理这种情况。

拥有逻辑思维的麦夫是这样想的……

> 提前做好准备，尽量缩短招聘新员工所需的时间。

　　既然主持店铺的玉子小姐都这样说了，想必火腿次郎一定有什么不对的地方。应该尽快做准备，招聘新员工。

　　如果现在他不在了，就没办法排班，所以应该在招聘过程中完成可以同时进行的工作，确保用尽可能短的时间招到新员工。

　　比如一边在招聘杂志上刊登信息，一边在店铺为接收新人做好必要的准备。

　　对了，为了让招聘过来的新员工能迅速提高战斗力，应重点检查火腿次郎容易犯错的项目。对容易犯同样错误的地方进行重点指导，提前准备好流程笔记，避免新人犯同样的错误。

讲评见下页

麦夫想法的优缺点

 重视早期的准备工作

　　麦夫为了迅速解决已经发生的问题，想要提前找出可以在招聘的同时完成的工作，这一点值得肯定。此外，他从预防问题再次发生的观点出发，改善已有问题点，以此预防新人出现和火腿次郎相同错误的做法也很好。

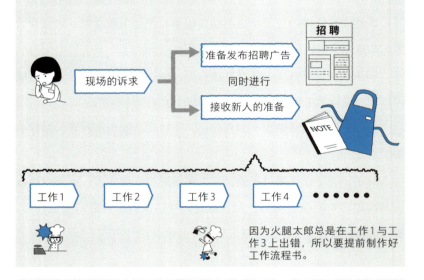

现场的诉求 → 准备发布招聘广告　招聘

同时进行

接收新人的准备　NOTE

工作1　工作2　工作3　工作4　●●●●●●

因为火腿太郎总是在工作1与工作3上出错，所以要提前制作好工作流程书。

多参考其他店铺的例子

　　相信很多招聘临时工的店铺都雇用过笨手笨脚的员工。NICE HARVEST公司的多家直营店都招收临时工，所以何不问问其他店铺都是怎么克服难题的呢？

　　虽然自主寻找解决方案的态度非常重要，但如果其他店铺有自己的技巧诀窍（know-how），也许我们能从中获得解决方案的灵感。

拥有横向思维的芝麻彦是这样想的······

> 先调查其他店铺的类似案例，再决定是继续留用，还是另找新人。

在我们周围有时会听到，"从来没有遇到过这么笨手笨脚的店员"这样的抱怨。作为店长确实可以决定对该店员的处理方式，但突然就将其辞退，未免过于粗暴。

其他店铺又是如何对待这种屡屡失误的店员呢？也许可以对他进行帮助，感觉还是多调查一下比较好。特别想了解的是，笨拙到什么程度的员工可以通过周围人的帮助有所改进，变成独当一面的员工。

辞去该店员再简单不过了，不过想要雇用新员工不仅要花费相应的广告费，还要重新对新员工进行培训。所以火腿次郎能有所进步就再好不过了。如果参考了其他事例后，仍然认为招募新员工的方案比较好，就应尽快明确火腿次郎的去留问题。

讲评见下页

103

芝麻彦想法的优缺点

 把新方案中容易被忽略的成本问题也考虑在内

雇用新员工的方法既花钱又耗费精力。

刊登广告需要花广告费，制作广告底稿同样需要时间。而且辞去火腿次郎后，还要和新员工重新签订合同，业务培训也要重新开展，新人指导员必须再次传授相同的内容。

不拘泥于眼前的得失，而是做出长远的判断，这就是横向思维特有的思考方式。从大局出发，既然招聘新员工如此麻烦，继续培养笨拙的打工仔也许更划算。

至于该不该辞退火腿次郎，可以根据以下标准比较判断。

雇用新员工的花费
- 广告费、从招聘到录用花费的时间、新人培训费用、指导者花费的时间
- 风险：如果不能招到比火腿次郎优秀的员工怎么办？

> or

<

继续雇用火腿次郎的花费
- 追加的培训费、指导者花费的时间
- 风险：就算继续培训、增加指导者的支援，火腿次郎也未必有所长进。

 试着质疑玉子小姐这一前提

芝麻彦把玉子小姐所言非虚当作前提展开行动，但这是合理的判断吗？

也许是玉子小姐的指导方式有问题，才导致火腿次郎对业务熟悉得很慢。也可能是作业顺序本身就过于复杂，让火腿次郎屡屡遭遇失败。

假设是火腿次郎之外的其他方面出了问题，对其进行验证如何呢？

拥有批判性思维的小照前辈是这样想的……

在做出无法挽回的决定前，检查自己是否把应该做的事都做了？

第2章

案例分析基本篇

如果只听玉子小姐一人所言，会认为只要辞掉火腿次郎，雇用新员工就可以解决问题。但是，"错一定在火腿次郎"这一前提真的正确吗？

如果新来的员工也和火腿次郎犯了同样的错误，就说明问题不在火腿次郎，而在玉子小姐的指导方法或作业顺序上。想想招募新员工所花费的精力和成本以及火腿次郎本身，就不是道歉能够弥补的了。

为了避免提出错误的对策，有必要假定火腿次郎以外的要素同样存在问题，进行现状调查，并在此基础上实施改善方案。

如果发现是玉子小姐的指导方式欠妥，或作业流程过于复杂、不应全部交给火腿次郎完成，就需要对此进行改善，并确认改善效果。

如果火腿次郎的失误依旧存在，那就如玉子小姐所说，问题出在火腿次郎身上。

讲评见下页

105

小照前辈想法的优缺点

 怀疑大家不曾怀疑的前提，从而减少判断失误

大家之前的想法都是基于玉子小姐的意见正确无误这一前提提出的。而小照前辈先提出"这个意见真的正确吗"这一疑问，然后再进行思考，从而能够减少判断失误。

无论是否辞退火腿次郎，周围的人都需要根据相应情况付出精力来应对，所以必须慎重地做出判断。

如果验证结果表明，确实是火腿次郎不够努力，这时再用麦夫或者芝麻彦的方法也未尝不可。

你说的是真的吗？

这么说来……也许我做得还不够。

制定对策时，应考虑时间问题

想要实现小照前辈的想法，需要多多比较麦夫和芝麻彦的想法，所以制定计划时应考虑到时间这一要素。

在决定是否辞退火腿次郎上花费的时间越多，玉子小姐以及其他工作人员的负担就会越大。如果最后还是决定招募新员工，那么还要进行广告定稿→面试→录用→新人培训，这又要花费很多时间。

如果可能的话，可以为招聘新员工做两手准备，提前准备好手续资料，一旦需要招聘，就能马上实施了。

总评

麦夫（逻辑思维）的做法是，提前把最简单的手续整理出来，以确保新员工的招募。为了顺利推进工作，先明确应该做什么、怎么做，再进行有效的分配。

芝麻彦（横向思维）的做法是在过去的案例中寻找判断标准。参考他人的判断，可以有效避免做出错误的决定。

小照前辈（批判性思维）的做法是从验证问题本身的正确性开始着手。因为问题带有当事人的主观情绪，所以需要从各方面确认其正确性，以此预防误判。

我们应从至今为止接触的所有案例，特别是本次案例中学习到：一定要对眼前的问题有一个客观的把握。

就算是老手也有判断失误的时候。是能够挽回的错误还好，如果事关金钱及信誉，问题就无法挽回了。

和小照前辈相比，麦夫过于相信周围人的意见。虽然他的行动力很强，但是容易以偏概全。

芝麻彦喜欢从多个角度观察事物，所以自然会考虑到多方面的意见。但是，这样会变得过于依赖先前发生过的案例，而不擅长处理自己没有经历过的问题。

因此，从零出发、思考"我们最应该做什么"的小照前辈的方法最有效。但是，因为需要探讨的范围比较大，必须设定好优先顺序。

面对不同的场景，需要灵活地选择不同的思考方式。下一章将会介绍各类思考方式下能够解决问题的道具。

BMW 的入职考试

⬤ 最后到底能赚多少钱？

所处的立场不同，思考的方式也会有所不同。据说在著名高级轿车品牌 BMW 公司的招聘考试中曾出现这样一道试题。

> 有一个人拿 800 日元买了一只鸡，以 900 日元卖出去以后，又用 1,000 日元买进，最后再用 1,100 日元的价格卖出。请问他一共赚了多少钱？

这道题的答案能反映你的思维高度。

● 回答"赚了 200 日元"的人

回答 200 日元的人最多。虽然从计算的角度来说答案是正确的，但因为完全没有考虑到买卖行为中产生的人工费，很遗憾不能予以录用。

● 回答"赚了 100 日元"或"不赔不赚"的人

考虑到了雇主需要支付的工钱（经营成本），懂得要将其与买卖中赚到的钱相抵销。但是，这样的考虑还不够充分，所以可以作为备选人员。

● 回答"赔了 100 日元"或"不止赔了 100 日元"的人

这个回答考虑到了最可观收益与现状之间的差异。虽然最后这只鸡卖了 1,100 日元，但如果在用 800 日元买到鸡以后，马上就用 1,100 日元卖出，完全可以赚300日元。而实际上是先以900日元卖出，然后用1,000日元买入，最后才卖到1,100日元。这样收益就只停留在了200日元。因此可以说，至少错失了多卖100日元的机会。

？日元		收支
🐓	800日元买入一只鸡	－ 800日元
💰	以900日元卖出！	＋ 100日元
🐓	再用1 000日元买入	－ 900日元
💰	这次卖了1,100日元！	＋ 200日元

如果在以800日元买入后以1,100日元卖出，就能得到300日元的收益。所以损失了多赚100日元（300日元−200日元）的机会。

即使面对同样的问题，由于认知上的不同，有人会回答"赚了200日元"，也有人会回答"赔了100日元以上"。与之类似，就算使用同样的思考方式，认知差异也会导致不同的回答。

顺便一提，据说这是中国BMW公司出的题目。为了方便理解，我在这里用日元进行了表述，但是网络上转载的题目中的单位是人民币。也许正因为中国现在的物价急剧上涨，才会如此重视这种能敏锐察觉畅销的时点，并抓紧机会销售一空的能力。

接下来我再介绍一个网络上提到的，能说明思考方式可以改变回答的例子。

BMW 的入职考试

🔵 2+2 等于几？

有一位数学家、一位统计学家以及一位会计师参加了某企业的招聘，面试官让他们三人分别进入单独的房间，并提出以下问题。

"2+2 等于几？"

> **数学家的回答**
>
> 数学家："4。"
>
> 面试官："你确定吗？"
>
> 数学家："是的，的确是4。"

> **统计学家的回答**
>
> 统计学家："平均为4。"
>
> 面试官："你确定吗？"
>
> 统计学家："虽然有10%的误差，不过大约是4。"

> **会计师的回答**
>
> 会计师："是4。"
>
> 面试官："你确定吗？"
>
> 会计师："……"
>
> （站起来锁上门，放下窗帘，走到面试官的旁边）
>
> 会计师："那……您想做成多少呢？'

这是一个很典型的例子，面对同样的问题，拥有不同特性的人会给出不同的答案。数学家会给出严谨的回答，统计学家允许一定的误差，而会计师可以按照要求操控数字。这个例子听起来就像一个美国笑话。

人们还在网上恶搞了其他一些职业对该问题的回答。在此举出其中两个特别有意思的回答，分别是销售和开发。

销售人员的回答
销售人员："虽然现在我只能做到4，但是通过努力应该能调整到4.2。"

开发人员的回答
开发人员："应该是4吧。销售那边接受4.2了？那我可不管，你让他们去做吧。"

（http://blog.livedoor.jp/kigyouhoum/archives/52510788.html）

虽然没有说明是哪个行业，但不禁让人联想到IT行业的日常工作。在IT行业，经常会有一些销售不顾系统开发方的难处，轻易接受产品订单。也许是苦于系统开发的人员编了这个段子讽刺销售吧。这个段子非常能引起从事IT行业的人员的共鸣。

想必大家已经能够理解为什么立场、思考方式的不同会造成千差万别的结果了吧。

最重要的是，我们应该有意识地思考自己该站在谁的立场上解决问题，搞清楚想看到你的成果的人最期待的是什么。

第 3 章

序章　了解解决问题的思考方式

第 **1** 章　问题解决的王道

第 **2** 章　案例分析基本篇　使用不同的思考方式解决问题

- - - - - - - - ➤ **职场常用的商务思维框架**

为了让大家在任何场合下都能熟练运用这三大思考工具，本章会结合一些小案例，向大家介绍 10 种不同切入点下的 22 个商务思维框架。

第 **4** 章　案例分析实践篇　学习有名的事例

为熟练使用各类思考方法
而应掌握的思考框架

整理思维的固定模式

在第1章中，我们介绍了支持逻辑思考、横向思考、批判性思考（以下将这三种思考统称为商务思考）的思维方式。

逻辑思考建立于演绎法和归纳法的基础上，是有逻辑地对事物进行划分（要素分解）的纵向思考。

横向思考建立于类推思考和假说思考的基础上，把目光集中在选择的多样性上，从众多选项中找出最高效的解决方法，是一种水平思考方式。

批判性思考建立于辩证法和反证法的基础上，是从认清目的开始寻找解决方法的探索性思考。

为了让大家理解三种思考方法所具有的不同的思维方式，我在第2章中通过案例向大家展示了具体的思考过程。

拥有逻辑思维的麦夫、拥有横向思维的芝麻彦以及拥有批判性思维的小照前辈这三个人的回答各不相同，我想大家应该能通过他们的发言感受到思维方式的区别。

在第3章中，我会向大家介绍一些有助于熟练掌握商务思考方式的框架。既然思考方法本身就有所不同，那么使用到的框架自然也会不同。在本章，我将把"整理思维的固定模式"简称为"框架"，对经常使用的框架按照切入点的不同进行区分，再分别进行介绍。

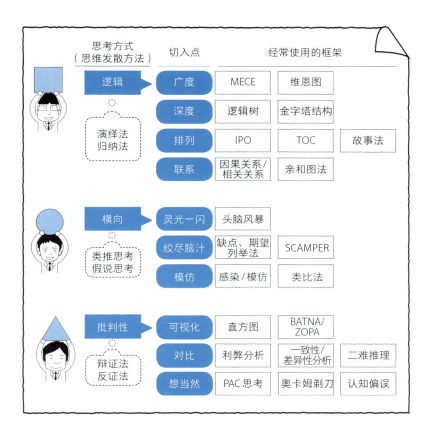

思考方式 （思维发散方法）	切入点	经常使用的框架		
逻辑	广度	MECE	维恩图	
	深度	逻辑树	金字塔结构	
	排列	IPO	TOC	故事法
演绎法 归纳法	联系	因果关系/ 相关关系	亲和图法	
横向	灵光一闪	头脑风暴		
	绞尽脑汁	缺点、期望 列举法	SCAMPER	
类推思考 假说思考	模仿	感染/模仿	类比法	
批判性	可视化	直方图	BATNA/ ZOPA	
	对比	利弊分析	一致性/ 差异性分析	二难推理
辩证法 反证法	想当然	PAC思考	奥卡姆剃刀	认知偏误

※分不清思考方式与思维发散方法的关系的读者可以回顾一下第1章（22页起）！

　　在经常用到的切入点中，逻辑思考有4种（广度、深度、排列、联系），横向思考有3种（灵光一闪、绞尽脑汁、模仿），批判性思维也有3种（可视化、对比、想当然）。

　　加起来一共有10种、共计22个框架，只要能掌握其中几个，解决问题的切入点就会自然而然地浮现在你的脑海。

　　接下来，我会分别对与这些切入点息息相关的框架进行说明。

有助于逻辑思考的框架

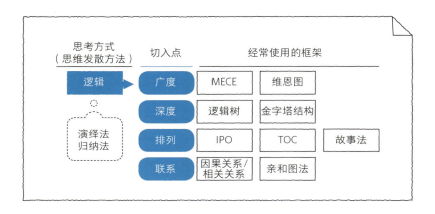

思考方式 （思维发散方法）	切入点	经常使用的框架		
逻辑	广度	MECE	维恩图	
演绎法 归纳法	深度	逻辑树	金字塔结构	
	排列	IPO	TOC	故事法
	联系	因果关系/ 相关关系	亲和图法	

逻辑思考的4个切入点

逻辑思考中为人熟知的切入点是对象的广度和深度。但是，想要充分活用这种对要素进行分解的思考方法，就必须再加上两个切入点——关系到要素之间的顺序与关联性的排列和联系，加起来一共4个切入点。

至今为止多次说过，逻辑思考是把要素分解成多个可以解决的问题的思考方式。想要划分要素，就必须知道对象的范围以及详细的内容。这就是我们所说的广度和深度。

其次，被分解的要素之间相互又有联系。拥有先后关系的是排列，其他则属于联系，从这些切入点进行整理，才不容易遗漏要素。

常用于逻辑思考的9个框架

逻辑思考中共有4个切入点，而每个切入点下又有多个框架。

广度下常用的框架是MECE和维恩图。前者是无遗漏无重复的要素分类方法，后者是用图表的形式对MECE进行说明。

深度中常见的框架是逻辑树和金字塔结构。前者通过自上而下地将对象进行简化，使其能被充分验证。后者是自下而上不断积累，直到达到结论这一顶点。

排列中最有名的就是IPO（Input Process Output）、TOC（Theory Of Constraints）和故事法。IPO是对开始条件与结束条件进行确认，TOC是发现作业过程中的瓶颈，故事法是按照顺序检查事物的一致性。

联系中，因果关系/相关关系和亲和图法至关重要。前者是找出要素间的相互影响以及影响的原因，后者通过对对象进行分类找到根本原因。

这里列举的4种、9个框架都是能帮助你熟练运用逻辑思考方式的工具。从下一页开始，我们将和拥有逻辑思维的麦夫共同学习如何使用这些框架。

3-3 逻辑思考框架
①广度 MECE

请在这种情况下使用

小照前辈："麦夫，你能把从直营店的千叶店回收的顾客问卷调查表分一下类吗？"

麦　　夫："好的！要怎么分类？"

小照前辈："我想按年龄进行分析。就从10岁开始，每10年分为一类吧。"

麦　　夫："如果回答的人不到10岁怎么办？而且如果把年纪比较大的人分得太细，回答应该会比较少吧？应该还有一些没有填写年龄的问卷吧。"

小照前辈："那就用'20岁以下'和'60岁以上'进行区分吧。还有，能按性别分类吗？如果没写年龄，就归到'年龄不详'这类吧。"

麦　　夫："我知道了。那就分成20岁以下/20岁～30岁/30岁～40岁/40岁～50岁/50岁～6C岁/60岁以上/年龄不详，并按性别分类整理。一共有14种，对吧？"

什么是MECE？

MECE 是 Mutually Exclusive and Collectively Exhaustive 的简称，即不重复（Mutually Exclusive）、无遗漏（Collectively Exhaustive）的整理方法。

能完美地对要素进行分解

使用MECE的方法进行分类，可以消除那些杂乱无章以及跨分类的要素。通过这种方法整理好的要素能在汇总时为我们省去很多时间，并且非常适用于数据再利用。

分类的诀窍在于，关注需要整理的要素的两端。下面这种整理方法是使用"以上""以下"等指定范围的词语，把对象数较少的儿童以及年龄大的老人群体化，避免问卷调查的年龄层分布出现人数过少的情况。

上述案例中，如果直接听从小照前辈的要求，就很难对问卷调查进行分类，因此麦夫提出了新的分类方式。通过这种方式，既能对男女分别进行统计，又能把年龄不详的问卷活用起来，同时也不会让问卷的年龄分类变得过于琐碎。

问卷

	男	女
20岁以下	7张	5张
20岁～30岁	19张	32张
30岁～40岁	21张	29张
40岁～50岁	15张	23张
50岁～60岁	8张	14张
60岁以上	3张	10张
年龄不详	2张	12张

虽然小照前辈委托我按照年龄进行分类，但遇到年龄不详的问卷就不知道该怎么分了。不仅是对问卷里未满10岁的人群，在对60岁以上的人群进行分类时，也必须明确是要区分到70、80、90还是100岁。

3-4 逻辑思考框架
②广度 维恩图

请在这种情况下使用

小照前辈："麦夫，你之前不是帮我整理过一个调查问卷吗？下周我要在会上进行报告，麻烦你简单整理成一张PPT。"

麦　夫："怎么整理才能让人觉得简单易懂呢？"

小照前辈："嗯……之前是按照年龄层整理的，如果这次能帮我把问卷的内容用图表的形式展现出来，在会上就容易说明了。"

麦　夫："问卷调查的内容是'买面包时你最在乎什么（最多三项）'。我大致看了一下，好像有一半的人选择了价格、味道、面包种类这三项。"

小照前辈："那就麻烦你把这三种回答的数量用图表表示出来。如果一个人选择了多个项目，也要用图表表现出来。"

麦　夫："知道了。我会用简单易懂的图表将选择了价格、味道、面包种类的人数，以及选择了多个选项的人数表现出来。"

什么是维恩图？

　　维恩图是能让人对多个集合间的关系和范围一目了然的图表，由英国数学家维恩（John Venn）提出。

把多个条件用简单的方式表现出来

这一回，小照前辈拜托麦夫把用MECE整理出来的调查结果按照内容进行分类。因为问卷调查的题目有多个选项，而回答者最多可以选择三个，这就代表有的人只选择了其中一个选项，而有的人选择了两到三个。为了简单地把这些情况反映出来，麦夫提议用图表表示。

用四方形表示回答了问卷的全体人员，用三个圆表示回答率最高的三个选项。因为最多可以选择三项，用圆和圆重叠的部分就可以表示选择了多个选项的人。

买面包时你最在乎什么（最多三项）

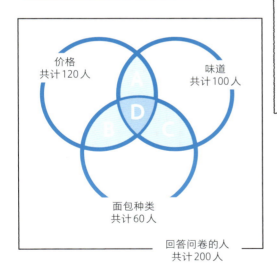

价格
共计120人

味道
共计100人

面包种类
共计60人

回答问卷的人
共计200人

因为一个人最多可以选择三项，所以回答问卷的人数看上去不止200人。

A（价格＆味道）：70人

B（价格＆种类）：30人

C（味道＆种类）：20人

D（全选）：5人

3-5 逻辑思考框架

③深度 逻辑树

请在这种情况下使用

麦　　夫："小照前辈，整理完调查问卷以后，我发现了一件有趣的事情。"

小照前辈："就是用维恩图整理的图表吧。你发现了什么？"

麦　　夫："选择价格的人最多，而且还有很多人给出了降低成本的方案。也就是说，至少在客人眼中，我们的面包是可以再便宜一点的。"

小照前辈："这样啊，确实挺有意思的。那我们把这些方案整理一下，考虑一下具体的降价方案吧。麦夫，你可以做吗？"

麦　　夫："好的。但因为问卷里有很多主观的意见，我想先整理一下降价的逻辑和要素，这个方法可行吗？"

小照前辈："全权交给你了，拜托啦。"

 什么是逻辑树？

　　逻辑树是将对象自上而下地进行具有逻辑性的分割，将其简单化、具体化到像树一样的结构，成为多个可以解决问题的整理法。

该框架的便利之处

比起盲目行事，按照既定的方向进行思考更有益于想法的汇总。小照前辈要求麦夫整理出降价的方法，麦夫认为比起盲目地汇总问卷里的意见，先整理降低成本的方法，再对问卷中的意见进行分类更有效率。

麦夫想做的正是对主题进行要素分解的逻辑树。在这种情况下，应对价格这一主题进行要素分解，再根据这些建议是针对哪一要素实现的成本削减来分类。

下图就是麦夫整理出来的逻辑树。

决定价格的要素有不做面包时产生的费用（固定费用）和做面包时产生的费用（变动费用）。进一步分解，固定费用可以分解为店铺的租金、公司员工和临时工的工资，变动费用可以分解为制作面包的材料费、制作过程中使用的电费、煤气费等。

逻辑树的特征就是自上而下寻找答案。

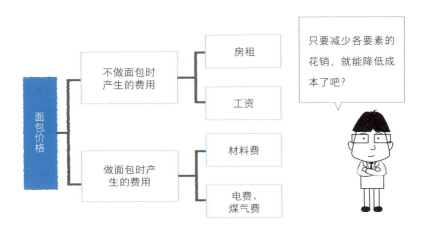

3-6 逻辑思考框架
④深度 金字塔结构

请在这种情况下使用

小照前辈："麦夫，减价的要素整理出来了吗？"

麦　　夫："整理出来了，我用逻辑树（参见121页）整理的。"

小照前辈："我还想知道顾客就面包的价格都给出了哪些建议，等你整
　　　　　　理出来告诉我吧。"

——————半天后——————

麦　　夫："小照前辈，我整理了问卷里的所有建议。其中有很多重复
　　　　　　的内容，对它们进行分组后，我发现一共有三类建议。"

小照前辈："什么建议？"

麦　　夫："嗯……分别是店铺里的店员太多，与之类似的店员工资太
　　　　　　高，以及在面包包装上花费过多。"

小照前辈："麦夫整理的逻辑树没考虑到最后那个建议。"

麦　　夫："是啊，我完全没想到包装费用。大家的建议很全面。"

什么是金字塔结构？

　　金字塔结构这一整理方法，是利用各个要素自下而上地找
到位于金字塔顶端的结论。

逻辑树的补充强化

麦夫用逻辑树整理出房租、工资、材料费、电费煤气费这4个构成价格的要素。

本以为问卷中的建议一定属于这4项中的一项，结果却发现虽然降低工资的建议确实有很多，但还出现了降低包装费用这一超出预想的建议。

这次的问卷汇总用的框架不是逻辑树，而是通过整理实际情况或意见找出答案的金字塔结构。

正因为麦夫一开始就使用逻辑树整理出了降价方案，才能对问卷的结果进行简单的分类。分类过程中还会出现一些新建议，这时在最开始的逻辑树中补充这些建议即可。

将金字塔结构和逻辑树搭配使用，可以深化、完善汇总内容。

3-7 逻辑思考框架
⑤排列 IPO

请在这种情况下使用

小照前辈："既然问卷调查的回答里有这么多关于减价的提案，那我们必须进行处理和应对了。"

麦　夫："是的。我觉得从建议最多的员工工资开始改进会更有成效。您觉得怎么样？"

小照前辈："我觉得挺好。虽然店铺的员工人数和工资都需要改善，但比起同时实施改善方案，一个一个地来更容易明确效果。"

麦　夫："是这样啊，说的也是。千叶店有4名员工，12名临时工。虽然因为合同的缘故没办法马上降低临时工的工资，但是可以减少他们的人数。"

小照前辈："的确如此。麻烦你再调查一下有没有其他限制条件，给出最有效率的计划。"

麦　夫："我知道了，我先去明确作业的输入输出，再决定作业顺序。"

什么是IPO？

　　IPO就是Input/Process/Output的简称，是一种确定作业内容以及开始条件、结束条件的思考方法。

找出分解还不够充分的要素

为了实行减价方案，必须提前做好多手准备。有一些作业必须等待前一项作业完成才能进行，所以作业顺序也很重要。正因为注意到了这一点，麦夫才会说先明确作业的输入和输出。

改善方案有"减少临时工的人数"以及"减少临时工的工资"两个。因为麦夫用IPO的方法做了如下整理，才会提议先"减少临时工的人数"。

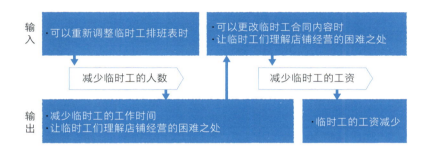

处理某个问题时，所有的步骤都能够用IPO整理。如果有一些作业无法具体化，说明分解还不够充分。

	输入	确定作业开始的条件。
	过程	确定5W1H（When：时间、Where：地点、Who：负责人、What：实施对象、Why：作业目的、How：具体的作业内容）。
	输出	确定作业结束的条件，同时这也是下一项作业的输入。

3-8 逻辑思考框架
⑥排列 TOC

请在这种情况下使用

小照前辈："千叶店的临时工排班表已经更新一段时间了，之后你确认
　　　　　过店铺的业务情况吗？"

麦　　夫："昨天我和千叶店的店长聊了一下。因为同时工作的临时工
　　　　　人数减少了，所以店铺运营得不是很顺畅。"

小照前辈："虽然之前的人手有点过剩，但突然从4个人减少到3个人，
　　　　　短期内多少会出现一些问题。也许会存在费时和人手不够
　　　　　的困扰，你寻找过作业中的瓶颈项目（延迟的地方、原因）
　　　　　吗？"

麦　　夫："确实找到了。店铺业务延迟的原因在于一个叫火腿太郎的
　　　　　临时工。因为他在制作面包时拖了后腿，所以造成了整个
　　　　　面包制作过程的延迟。"

小照前辈："既然他就是过程中的瓶颈，那么配合他的速度调整其他作
　　　　　业，效率就会提高吧。"

麦　　夫："是的。那我们赶紧重新研究一下吧。"

什么是 TOC？

　　TOC 是 Theory of Constraints（约束理论）的简称。意思是整
个工程中最慢的那一道工序决定了工程整体的进度。它是由以
色列物理学家戈德拉特提出的。

提高瓶颈工序的效率，同时调整其他工序

手艺好的作业人员或者性能高的设备是无法决定作业的整体进度的。速度最慢的工序才是瓶颈工序，它会拖延其他所有的工序，影响整体的进度。不仅要尽可能提高瓶颈工序的速度，还要调整其他工序的速度来配合瓶颈工序，这就是约束理论即TOC的思考方式。

麦夫运用TOC的方法，对千叶店业务无法顺利展开的原因以及对策进行了如下梳理。

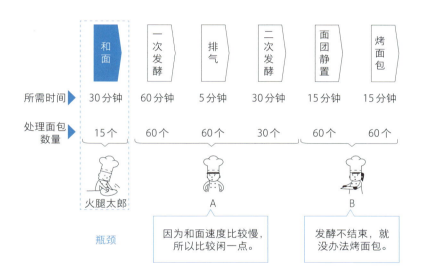

按照现在这个情况，如果火腿太郎能把和面这道工序需要的时间缩短一半（15分钟），并且把处理面包的数量提升一倍（30个），那么下一工序的一次发酵就能满负荷工作。在彻底改善之前，需要A、B在速度上配合火腿太郎，只有这样才能更有效率地制作面包。

3-9 逻辑思考框架

⑦排列 故事法

请在这种情况下使用

小照前辈："麦夫，千叶店的火腿太郎情况怎么样了？"

麦　夫："你说的是针对业务拖延的改善方案吧。我跟他的指导员确认过以后，得知他的问题出在准备工作上。"

小照前辈："那应该是他的脑海里没有整个作业流程的画面。你准备给他提什么建议？"

麦　夫："确实如您所说，我认为需要让他在脑海里描绘出整个作业流程。我准备让他把他负责的和面工序中的每个细节按照顺序写下来，并进行背诵。"

小照前辈："原来如此，使用故事法进行背诵的方法不错。把所有工序一一写在卡片上，然后确认是否有遗漏。"

麦　夫："好的。我会像3分钟烹饪那样指导他把作业流程按顺序写下来。"

小照前辈："还要考虑到后续工作人员的作业情况哦。"

什么是故事法？

　　故事法不是系统性地解决问题，而是去解决当下想到的问题点。

在脑海中形成一个整体的印象，从而整理出具有效率的作业顺序

无法高效完成作业，大多是因为准备不足。如果能在进行下一项作业前，提前想好应该达到的状态，并反复在脑中演练，那么最高效的作业顺序就会自然而然地浮现。这就是故事法。

麦夫想到的是短时间内在现场完成一道料理的美食节目。美食节目为了尽最大可能提高作业效率，会事先把所有材料按照需求准备好。正因为准备充分，才能最简单快捷地向大家介绍做菜顺序。

为了让火腿太郎也能提前做好这样的准备，从而提高作业效率，麦夫站在火腿太郎的角度制作了下面的准备表。

3-10 逻辑思考框架

⑧联系 因果关系/相关关系

请在这种情况下使用

麦　　夫："小照前辈，关于千叶店的火腿太郎，他的工作状态还是没有太大的改善。看来必须雇用新的临时工了。"

小照前辈："这样啊。那马上打出广告进行招募吧。为了避免再招到这样的人，这次必须定好录用标准。火腿太郎刚满20岁，这次我们不选择年轻人了吧。"

麦　　夫："火腿太郎的问题并不出在年龄上，而是在于记忆力不好。所以没必要避开年轻人。"

小照前辈："原来工作效率差不是因为他太过年轻，而是在于再怎么教也没有进步啊。"

麦　　夫："是的。其实只要有足够的经验就能弥补学习能力不足的弱点，但火腿太郎以前只做过蛋糕卷。我听说之所以把他安排在和面的工序上，是因为他的体力最好。"

小照前辈："这样啊……那下次我们就不看重体力，多注重一下学习能力吧。"

什么是因果关系/相关关系？

　　因果关系即为原因与结果之间的联系。如果无法判断是否为因果关系，且一方发生变化，另一方也随之发生变化，则为相关关系。

深入挖掘真正的原因

　　麦夫和小照前辈放弃了对火腿太郎的培养，改为招募新员工。他们回顾了当时招聘火腿太郎的情形，思考该如何制定录用标准。这时，麦夫注意到"什么能直接影响工作状态"这一点。

　　准备招募和面岗位的时候，小照前辈认为年轻人难以胜任，但其实火腿太郎失败的原因不在年轻，而在于记忆力不好。

　　麦夫明确了这次没有培养好火腿太郎的因果关系和相关关系。他得到的结果是，记忆力不佳、缺少经验属于因果关系，而年轻和此次失败并无直接关系。硬要说的话，年轻和经验少算是相关关系。

　　只要注意到这一点，就能招聘到至少比火腿太郎能力强的人。

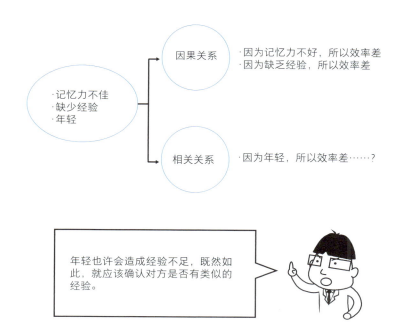

3-11 逻辑思考框架
⑨联系 亲和图法

请在这种情况下使用

小照前辈："通过TOC重新研究后，我们明白了必须要提高和面这道工序的效率。但还有没有其他需要改善的地方呢？"

麦　夫："当然有，我们在批发商那里购买进口黄油，到货时间的变动性很大。有时候13点就到了，有时15点才到。而且有时还会发来和期望不符的商品。除此之外，最近其他批发商因为汇率变动有所降价，但是这家批发商却始终没有降价。"

小照前辈："的确有很多问题呢。这些都是批发商那边的问题吗？"

麦　夫："基本上都是。不过，也有几次是因为我们的员工订错货，才出现到货商品与期望不符的情况。"

小照前辈："既然如此，分成批发商相关问题和员工业务相关问题两大块重新进行审视和处理就可以了吧。"

麦　夫："是的。我会分别针对这两种情况制定出对策。"

 什么是亲和图法？

　　亲和图法是在想要定性分析某个数据，而又无法将该数据数值化时，对其按类别进行整理、分析的品质管理方法，是新QC7大工具之一。

从多个问题中找出真正的原因

虽然麦夫对进口黄油供应商有多个改善要求，但是在小照前辈的提醒下，麦夫发现其实自家员工的身上也有一些问题。也就是说，需要提出针对批发商和员工双方的改善方案。

像这样对多个问题进行分类，从而归纳出根本原因（真正原因）的方法，就是亲和图法。

一方面，和批发商进行交涉，改进合同内容，要求对方严格按照时间发货，顺便打探一下降价的事情。另一方面，完善员工订货时的作业流程。

在小照前辈的敦促下，麦夫按照上述内容开始着手处理，通过图表的形式整理出了以下内容。

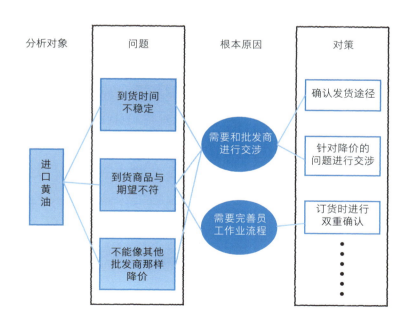

思考方式
（思维发散方式）

切入点

经常使用的框架

横向

灵光一闪 —— 头脑风暴

类推思考
假说思考

绞尽脑汁 —— 缺点、期望列举法 | SCAMPER

模仿 —— 感染／模仿 | 类比法

横向思考的 3 个切入点

横向思考中比较常见的切入点有灵光一闪、绞尽脑汁和模仿。想要多角度地发散思维，这些方法都是不可或缺的。

在横向思考中，达到目标的途径有很多，但想要找到最合适的那条路，抛弃思维定式、展开自由想象至关重要。这就是灵光一闪。

但即使做到了灵光一闪，因为是以至今为止积累的见闻为基础展开的，很容易使思想在广度上受到限制。为了弥补这一缺点，就需要我们在面对任何问题时，都能联想到相应的套路，这一切入点就是绞尽脑汁。

最后，为了尽快追赶上他人的水平，模仿对手也是一个有效的方法。

横向思考中常见的 5 个框架

横向思考的 3 个切入点中，分别包含了多个框架。

灵光一闪中，头脑风暴这个框架非常常见。这是一种能自由发表见解，并且不会受到批判的方法。

绞尽脑汁的做法中，包含缺点、期望列举法和SCAMPER。前者是有意识地找出改善点和补充点的方法，后者通过强迫自己使用一定类型的解决方法，比如寻找替代品等找到新的发现。

模仿的方法中，最有名的是感染/模仿和类比法。前者是分析成功事例，并套用在自己身上的方法。感染是使感动再现，模仿是通过巧妙的安排重现某种机能或特性。类比法是刻意用完全不同的要素进行对比，从而引导出解决方法。

这里列举的是有助于横向思考的5个框架。虽然和其他思考方式相比常用的框架数量较少，但新想法本身就很难通过遵循固定套路得到。而这里列举的框架，都是人们持续使用到现在、实用性非常高的方法。

从下一页开始，我们将和拥有横向思维的芝麻彦一起学习具体的使用方法。

3-13 横向思考框架

①灵光一闪 头脑风暴

请在这种情况下使用

芝麻彦："哟，麦夫啊。我现在在做新店铺的企划案，你能来帮帮我吗？小照前辈，也拜托你了。"

麦　夫："好呀。我该怎么帮你呢？"

芝麻彦："我正在公司对什么样的面包店会让你每天都想光顾这一问题收集大家的想法。如果你想到什么，就马上告诉我。"

小照前辈："这样啊，我想去每天都有变化的面包店。比如每天都有当日特有的面包，或者每次去都能有积分之类的。"

芝麻彦："这个想法很不错。"

麦　夫："但是要建立积分系统应该挺麻烦的吧。我们有预算吗？"

芝麻彦："哎呀，麦夫，这是头脑风暴，否定或验证都是下一步的事情。人的想法一旦被否定或者批评，就无法冒出各种各样的建议了。"

麦　夫："这样啊，原来是这种方式。那我也想想看吧。"

 什么是头脑风暴？

　　头脑风暴是抛开先入为主的观念，尊重所有的想法。面对议题，可以自由地、不断地展开想象。这是由亚历克斯·奥斯本提出的。

因为欢迎任何建议，所以能集中注意力思考

芝麻彦由于参与了新店铺的企划，所以正在收集各方建议。这时，如果不能摆脱先入为主的观念，就无法自由地展开想象，如果害怕别人的批评，就无法勇敢地提出自己的看法。

头脑风暴的规则就是不质疑任何建议、接受所有提议。因此参与者不用担心自己的意见被否定，可以集中精力展开思考。

如果有人提出了和主题关系不大的想法，可以记录在白板或者笔记本上的保留区域，本着尊重所有意见的原则，提醒参加者本次的主题是什么。

虽然麦夫觉得小照前辈提出的"建立积分制"这一想法实现起来比较困难，但是在进行头脑风暴的时候，否定对方的发言会限制对方的思想，这一点是绝对禁止的。

你每天都想光顾的面包店是什么样的？

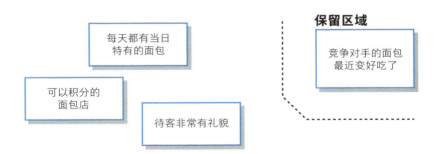

如果把经过头脑风暴得到的想法用逻辑思考中的亲和图法进行整理，就能知道下一步应该做什么了。

请在这种情况下使用

芝麻彦："麦夫，想请你帮个忙。之前不是跟你说过新店铺的企划吗？现在我们想在直营店实践一下。"

麦　夫："这样啊，那我们要再搞一次头脑风暴吗？"

芝麻彦："不，头脑风暴注重'灵光一闪'，有益于想法的收集。但这次我们想做的是列举店铺的缺点，然后针对这些缺点制定改善方案。"

麦　夫："只要粗略地提出期望达到的水平就可以了吧？"

芝麻彦："啊，是的。我们已经把组成店铺的要素分成内部装潢、外部装潢、商品（面包）和服务，希望你能分别针对这4项举出缺点以及你期望的样子。"

麦　夫："比起头脑风暴，这个方法形式已经确定了，而且不怎么费力就能掌握它的顺序，所以比较容易整理出自己的想法。"

芝麻彦："是啊，那我们一起考虑一下吧。"

 什么是缺点列举法和期望列举法？

缺点列举法是针对一个主题，粗略地列举其缺点或不足。期望列举法是站在"我希望是这个样子"的角度上，给出自己的想法。

改善发生在你身边的那些令人在意或者让人不满的小事

芝麻彦虽然在上一回中利用头脑风暴收集了各种各样的想法，但还需要将其浓缩为更具体的方法。如果能站在如何改变现状的角度上思考，整理起来就会容易得多。

最简单的方法就是把所有现存的缺点列举出来，然后针对这些缺点给出强制性的改善方案。虽然很难从无到有地想出一个好方法，但如果从列举眼前的不足开始着手，就不会很困难了。

芝麻彦拜托麦夫针对组成店铺的4个要素，分别举出应该改善的缺点和希望达到的效果。比如，像下图这样列出各个要素下的缺点改善方案，对整理思路就很有帮助。

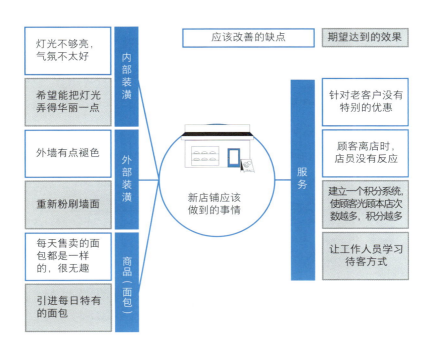

请在这种情况下使用

芝麻彦："嗯……好难啊！"

麦　夫："芝麻彦，怎么了？怎么突然大叫，发生什么了？"

芝麻彦："因为想要确定每日特有面包，上司让我参考美容面包、美腿面包制作出新面包，并将其作为主打面包。但我现在完全没有思路。"

麦　夫："我以前和小照前辈一起考虑过这件事。但当时只是想了一下，没有提出来，现在正好可以用到。"

芝麻彦："真的吗？告诉我吧，马上告诉我吧。"

麦　夫："不要着急啊。我想想……嗯……对了！我们当时试着强行改变了美腿面包的构成成分，通过反复实验做出了适合较高年龄层的重返青春面包。"

芝麻彦："就是强迫自己从面粉、酵母、辅料、配送方法等进行思考吧。太感谢了，那我就借用这个想法了，thank you！"

什么是SCAMPER？

　　SCAMPER是替换（Substitute）、结合（Combine）、适用（Adapt）、修正（Modify）、转换应用（Put to other purpose）、消除（Eliminate）、重新整理/颠倒互换（Rearrange/Reverse）这7个词的简称，是强制大脑进行思考的方法，由鲍勃·埃伯利（Bob Eberle）提出。

通过这7个观点得到新想法

SCAMPER 有 7 个强制性的观点。我们可以根据这 7 种不同观点，考虑对象的各要素会发生哪些变化，并通过组合找到新的想法。在创造新商品或建立新的服务体系时，经常会用到这种方法。

麦夫和小照前辈一起做的 SCAMPER 分析表如下。他们通过头脑风暴、不断试错确定了新面包的理念，并最终决定制作面向年长者的重返青春面包。

		面包类型 ╳	酵母 ╳	有益成分 ╳	配送方法
	原型（无变化）	白面包	酵母菌	胶原蛋白+儿茶素	通过相关的物流公司面向全国进行派送
A→B	S 替换	法式面包	天然酵母	搭配角鲨烯	更换物流商
	C 结合	白面包+法式面包	酵母菌+天然酵母	胶原蛋白+角鲨烯	如果派送到外地则使用当地物流公司；如果是本地派送，则继续和现有物流公司合作。
A B C D	A 适用	加入年长者喜欢的酱油	无	抗衰老成分	无
CUT CAT	M 修正	使面包更松软	改良发酵机能	提高成分纯度	缩短派送时间
	P 转换应用	无	无	在面向医院的食品中加入铁成分	提供给餐厅
ORANGE	E 消除	除去面包表面烧焦的部分	不使用酵母	不使用儿茶素以改良口感	只在直营店销售，不对外派送
C B A	R 重新整理颠倒互换	调整从和面开始到添加成分的作业顺序			改变发货的顺序

重返青春面包

143

3-16 横向思考框架
④模仿 感染／模仿

请在这种情况下使用

芝 麻 彦："麦夫，自打你进公司以来，什么事情最让你感动？"

麦　　夫："是在公司实习，第一次吃到自己做的面包的时候。因为跟用面包机做面包完全不一样，所以特别感动。"

芝 麻 彦："我也是，好想让我们的客人也体会到这份感动。"

麦　　夫："是啊。如果能体会到这份感动，那么每天都会想吃面包。"

芝 麻 彦："为了能把这份感动传递给客人，我们应该抱有相同的热情或者说是价值观，也就是使命宣言（Mission Statement）。如果直营店里的店员都能做到这一点，那么客人一定会成为我们NICE HARVEST公司的粉丝。"

麦　　夫："想要吸引客人，我们自身就得先充满热情。"

芝 麻 彦："没错。不过光有热情还不够，想要变得更好，还需要分析我们的竞争对手以及其他行业的成功关键，然后在自己公司进行实践。模仿也是一种学习。"

麦　　夫："想要开设新店铺，使命宣言和分析其他公司的成功关键都非常重要。"

什么是感染／模仿？

　　感染是通过使命宣言（组织的目的和行动规范）传播感动，模仿是在成功案例中找出成功的关键、通过分析再现成功的方法。

想要成功，先搞清楚需要做什么、改变什么

市场上的成功案例与当事人的感性和理性密不可分。学习社会上的成功事例时，对前者的再现称为感染，对后者的再现称为模仿。

感染中最重要的是使命宣言。先决定我们要达成的目标，再明确行动基准，即为了达成这一目标我们应该做什么，这样就能让全体工作人员持有相同的价值观。如果能将其彻底贯彻与落实，就能提高组织整体的品质，也会使愿意优先选择本公司的粉丝越来越多。

另一方面，模仿中最重要的是彻底分析成功案例的结构。使用亲和图法找出成功的关键，然后审视自己，明确想要再现成功可以保留哪些、需要改变哪些。特别是需要改变的地方，可以加入自己的独创性作为与众不同的亮点进行宣传。

芝麻彦把感染（实线）和模仿（虚线）做了如下汇总。

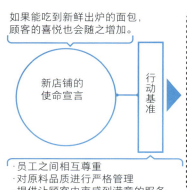

如果能吃到新鲜出炉的面包，顾客的喜悦也会随之增加。

新店铺的使命宣言

行动基准

·员工之间相互尊重
·对原料品质进行严格管理
·提供让顾客由衷感到满意的服务

员工　　顾客

（其他公司）只使用有机栽培的原料
→（本公司）进行模仿
（其他公司）在其拥有的牧场生产高级黄油
→（本公司）因为没有牧场，所以空运高级黄油

3-17 横向思考框架
⑤模仿 类比法

请在这种情况下使用

麦　夫："芝麻彦，新店铺的企划有进展了吗？"

芝麻彦："是的，现在正在考虑店铺的布局。比如面包的摆放以及人员走动的路径等，很多都需要考虑呢。"

麦　夫："面包摆放位置很重要。就像香味会吸引蝴蝶那样，我们如果进行模仿，把点心面包放在窗边，是不是就可以吸引顾客呢？"

芝麻彦："听起来不错，我把这个主意加进去。如果能模仿一些其他地方，应该会比较有趣。对了，麦夫之所以能和大家打成一片，是因为认真和糊涂搭配得刚刚好。我们可以在店里使用代表诚实的白色以及柔和的黄色，这样一来，顾客也许就能轻松地融入店铺的氛围了。"

麦　夫："芝麻彦你这家伙居然拿我开玩笑。如果是这样展开联想的话，那么客流就如同河流一样，支流汇聚在一起后成为主流，河流也会变宽。因为顾客最终会汇聚到收银台前面，所以我们可以在那里多预留一些空间。"

芝麻彦："的确如此。就像刚刚那样多给我一些建议吧。"

 什么是类比法？

　　类比法是通过直接类比、拟人化类比、象征性类比，把看上去毫无关联的要素结合在一起，从而使问题得到解决。

在与其他要素的对比中得到具有独创性的启示

通过比喻得到启示的方法叫作类比法。具体的做法有，整理对象特征、寻找有无其他类似的要素（直接类比），通过拟人得到启示（拟人化类比），先简化对象再进行思考（象征性类比）。可以通过这些做法展开联想，找出解决方法。比较对象越不相关，越能够得到独树一帜的想法。

麦夫和芝麻彦都是先在和面包店毫无关系的事物上找到了值得模仿的关键点，再思考如果想要套用，该做什么改变。因为可以从身边的事物得到启示，所以想法可能会像联想游戏那样接连不断地出现。

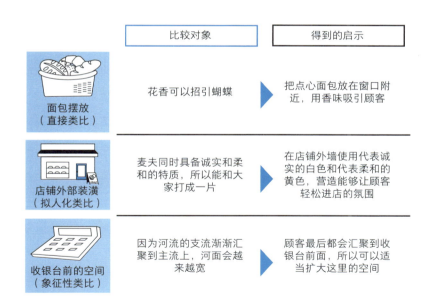

	比较对象	得到的启示
面包摆放（直接类比）	花香可以招引蝴蝶	把点心面包放在窗口附近，用香味吸引顾客
店铺外部装潢（拟人化类比）	麦夫同时具备诚实和柔和的特质，所以能和大家打成一片	在店铺外墙使用代表诚实的白色和代表柔和的黄色，营造能够让顾客轻松进店的氛围
收银台前的空间（象征性类比）	因为河流的支流渐渐汇聚到主流上，河面会越来越宽	顾客最后都会汇聚到收银台前面，所以可以适当扩大这里的空间

3-18

有助于批判性思考的框架

思考方式 （思维发散方法）	切入点	经常使用的框架		
批判性	可视化	直方图	BATNA/ZOPA	
辩证法 反证法	对比	利弊分析	一致性/差异 性分析	二难推理
	想当然	PAC思考方式	奥卡姆剃刀	认知偏误

 批判性思考的3个切入点

批判性思考是一种客观评价事物的思考方式。它的切入点有将论点可视化、利用对比排除选项，以及摒弃想当然带给我们的认识偏差。

为了明确眼前问题的论点（应注意的地方），我们需要利用可视化这一方法整理出所有论点。搞清楚论点以后，如果存在多个选项，可以用对比的方法锁定前进的方向。为了确认我们对大前提的认识是否正确，还需要对是否存在想当然的现象进行验证。

有了这3个切入点（可视化、对比、想当然），批判性思考就能发挥作用了。

批判性思考中常见的8个框架

批判性思考的这3个切入点中，又各自包含多个框架。

可视化的角度下，常用的是直方图和BATNA/ZOPA（Best Alternative To a Negotiated Agreement/Zone of Possible Agreement）两个方法。前者可

以了解要素波动，后者可以认清对方的主张，使谈判能够顺利进行。

对比中，利弊分析、一致性/差异性分析、二难推理这3个方法最有名。利弊分析是通过对比选出最适合的选项；一致性/差异性分析是对比想做的和能做到的，并找出其中的差异；二难推理是找出全新的选择，从而避开最坏的选项。

想当然的切入点中被大家熟知的是PAC思考方式（Premise Assumption Conclusion）、奥卡姆剃刀和认知偏误。PAC思考方式是对前提、假说、结论这一理论构造的验证，奥卡姆剃刀是拒绝复杂、站在越简单越好的角度上思考问题，认知偏误的目的是排除偏见与偏向等片面性的想法。

这里列举的8个框架有助于大家进行批判性思考。从下一页开始，让我们和拥有批判性思维的小照前辈一起学习。

3-19 批判性思考框架

①可视化 直方图

请在这种情况下使用

芝 麻 彦："小照前辈，新店铺已经开业一段时间了，现在终于稳定下来了。"

小照前辈："是啊。客流也渐渐稳定下来了，所以我想着手制作新面包。为此需要调查开业至今的销售情况，然后再考虑定价多少合适。"

麦　　夫："上周店长告诉我，在比较了每日销售额以及售出面包的数量后，发现平均每个面包能卖200日元。所以把价格定在200日元怎么样？"

小照前辈："麦夫啊，你没考虑到各种面包之间的差异。也许只卖出了100日元和300日元的面包。所以还是先向店长要一下各价位面包的销售数据，再考虑怎么办吧。"

芝 麻 彦："原来如此。如果只看平均值，就会把一些并不存在的目标考虑进去。"

什么是直方图？

　　直方图是用柱形表示要素分布情况的图表。通过这种统计方法，可以了解要素浮动的情况以及集中的区域。

让数字的波动一目了然

当数据非常分散、庞大时，我们喜欢看合计数量或者平均值，但其实数字的波动同样是非常重要的信息。10个50分与100分、0分各5个的总分和平均分是一样的，但是代表的意义完全不同。直方图能让我们清楚把握数字波动的趋势。

比如，10门科目都得了50分的人需要复习所有的科目，而5科满分、5科零分的人只需要针对其中的5科进行强化复习即可。

本次案例中，小照前辈从新店铺的店长那里拿到数据，并用数据来分析新店铺的顾客倾向哪种价位的面包。结果表明，100日元左右的实惠型面包和400日元左右的高级面包卖得最好。平均下来大概一个面包卖300日元，但是确认了数据的波动后，发现实际上希望面包在300日元左右的客人非常少。

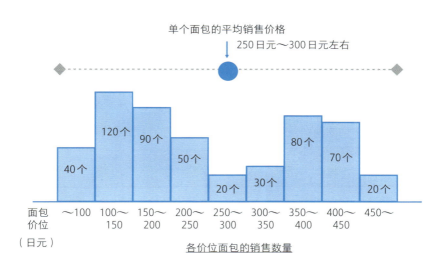

各价位面包的销售数量

3-20 批判性思考框架

②可视化 BATNA / ZOPA

请在这种情况下使用

麦　　夫："为了增加高级面包的制作数量，我们还需要一个大型烤箱。厂家给出的报价是100万日元，怎么样，你觉得贵吗？"

小照前辈："麦夫，你现在最担心的是什么？"

麦　　夫："因为现在新店铺的发展势头正好，所以想引入大型烤箱。规格上符合我们需求的烤箱价位是100万日元，但预算只有90万日元……"

小照前辈："如果和厂家谈判，他们也许会同意我们给出的价格。前几天我和对方的负责人聊过天，他说他们想要达成这期的销售目标有点困难。你试着告诉他们，如果不能降价就会换别的厂家，他们一定会同意我们的要求的。"

麦　　夫："他会愿意降到90万日元吗？"

小照前辈："听对方的口气，应该愿意给我们打个8折，到时候你就把谈判的目标定在80万日元。绝对不能在一开始就告诉他们我们的预算有90万日元，不然他们肯定不愿意再往下降了。"

麦　　夫："我知道了，我会藏着底牌和对方谈判的。"

什么是BATNA/ZOPA？

BATNA 是 Best Alternative To a Negotiated Agreement 的简称，是在意见未达成最初条件下的统一时，采取的次于最优方案的第二方案。ZOPA 是 Zone Of Possible Agreement 的简称，代表意见可能会达成统一的范围。

这种框架的便利之处

想让谈判朝着有利于自己的一方发展，就需要给对方营造一个只能选择接受我方提案的环境。要让对方知道，如果前提不成立，他们的第二方案（BATNA）也会失去意义。同时，为了避免对方使用相同的手段，不能让对方知道我们的第二方案。其次，如果了解对方愿意谈判的范围（ZOPA），就能给出让双方都满意且对我们最有利的方案。

本案例中，麦夫通过小照前辈掌握了对方的BANTA和ZOPA，这使谈判对我们很有利。

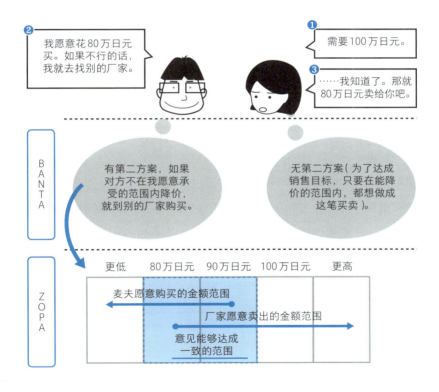

请在这种情况下使用

麦　　夫："小照前辈，我们根据之前的调查结果，决定研制400日元左右的高级面包。可以就这件事和你商量一下吗？"

小照前辈："当然可以了。现在你有什么好想法吗？"

芝 麻 彦："现在备选方案中最有希望的，是让人在通宵迷迷糊糊的时候瞬间清醒的、带酸味的柠檬面包，和让正在气头上的人吃一口就能使心情平复到如佛祖般平静的、味道醇厚的栗子面包。"

小照前辈："你们想的面包都很极端啊。但这两种面包的方向完全不同，很难用统一的标准进行比较。"

芝 麻 彦："是的，而且不同的人可能会给出不同的意见，所以现在不知道该怎么选择。"

小照前辈："对于这种情况，可以站在不同的观点上，分别对各项进行优劣评价。可以简单分成味道、成本、制作的复杂程度。因为是高级面包，所以味道特别关键。"

麦　　夫："明白了。我会按照这个方法来比较评价的。"

 什么是利弊分析？

利弊分析（PROs and CONs）是评价事物的优缺点时使用的框架。这一词语来源于拉丁语的Pro et Contra。

大致对各选项进行优缺点分析

想对多个选项进行评价时，最简单的方法是区分它们的优点与缺点，这就是利弊分析。使用该框架时，可以制作表格，站在不同的观点对选项进行优劣判断。

因为大部分对象都能用QCD（Quality：品质；Cost：成本；Delivery：配送）这三个要素进行评价，所以这三个要素也经常用于利弊分析。

为了选出一种全新的高级面包，小照前辈给出的建议（味道/成本/复杂程度）正是QCD。

遵照小照前辈的指示（重视味道），麦夫制作了下面的利弊分析表进行比较与评价。

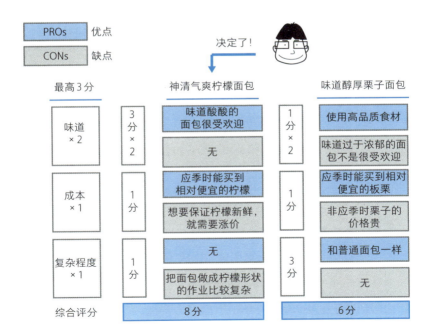

3-22 批判性思考框架

④对比 一致性 / 差异性分析

 请在这种情况下使用

芝 麻 彦："麦夫，你是不是准备买制作神清气爽柠檬面包的工具？"

麦　　夫："嗯，我想买品质比较好的和面台，现在厂家给出了多个提案，我正在犹豫买大理石的还是木质的。"

小照前辈："你需要搞清楚自己到底为什么需要和面台。如果你明确了购买的条件，就可以根据对象与条件的匹配度做出判断。"

芝 麻 彦："虽然大理石的和面台比较贵，但是感觉更高端。麦夫，就选大理石吧。"

小照前辈："喂喂喂，不能想当然地进行判断。像牛角面包这种使用了很多黄油的面包在大理石台制作确实会更好吃。但是这家店的牛角面包卖得并不是很好吧。"

芝 麻 彦："也对！那我把重要条件列出来，再进行判断吧。就从品质和成本两方面看哪种和面台更符合条件。可以吧，麦夫？"

麦　　夫："你这个见风使舵的家伙。"

 什么是一致性/差异性分析？

　　一致性/差异性分析是明确"想成为"（To-Be），即明确需要达成的必要条件/未来应该成为的样子与选项/现状（As-is）之间到底存在多少差异的分析方法。

衡量条件的达成程度

一致性/差异性分析适用于比较两个不同状态的选项。可以列出将来想要成为的样子（To-Be）与现状（As-Is）之间的差异（Gap），考虑将其消除的对策。也可以对多个选项在各条件的达成程度上进行判断，选出得分最高的选项。

乍一看一致性/差异性分析与利弊分析有些相似，但其实二者的思考方式和适用场合都不一样。一致性/差异性分析的必要条件是明确的，其目的是判断各条件的达成情况。

麦夫和芝麻彦制作的一致性/差异性表格如下。用%表示各项目的达成程度，最后通过总成绩进行选择。

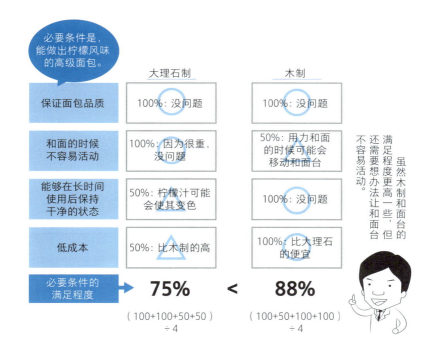

3-23 批判性思考框架
⑤对比 二难推理

请在这种情况下使用

芝麻彦："要买什么样的烤箱和和面台都决定了，现在的问题是什么时候投入使用。如果在周一到周五的晚上施工，那么下班回家的客人就买不到面包了。但如果在休息日的晚上施工，施工费用就会上涨。无论选择哪种方法都会影响整体的利益。"

麦　　夫："现在我们已经知道了影响因素，就是施工期间必须关闭店铺，这期间客人无法购买面包。其次，休息日夜晚施工的劳务费多于周一至周五夜晚施工的费用。"

小照前辈："那我们从机会成本和劳务费这两方面入手，想出更好一点的折中方案吧。比如，有没有虽然是周一到周五的晚上，但是客流量与休息日一样少的日子呢？"

麦　　夫："这么说来，下个月的最后一个周二是节假日，为了能和周末的假日连起来，很多人会选择在周一调休。按照以往的经验，两个假期之间的工作日的销售额会有所下滑。"

小照前辈："那我们模拟一下，看看定在那一天施工会是什么情况吧。"

什么是二难推理？

　　二难推理是在所有选项都不尽人意的时候，为了规避负面结果而选择其他选项。

找出相对有优势的第三方案

　　我们经常会遇到无论怎么选择，都会带来损失的情况。但是，眼前的选项并非选择的全部。所有选项肯定各有长短，既然如此，如果能把相对负面的"短处"剔除掉，就能得出最佳选项。

　　利用二难的结构比较其中的负面影响，站在大局的角度考虑出相对有优势的第三方案（折中方案）。

　　小照前辈的提案吸取了现有方案的优点。通过比较两种方案，总体来说减分点有方案1中由于夜间顾客较多造成的机会成本增加，以及方案2中休息日施工带来的劳务费上涨。为了规避两个方案中的减分点，麦夫给出的折中方案是在两个假期之间工作日的晚上导入设备。

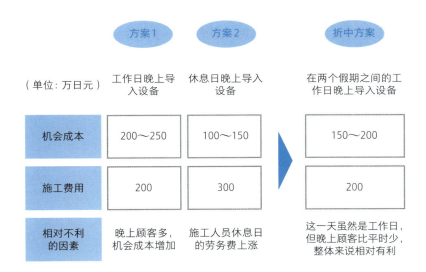

（单位：万日元）	方案1 工作日晚上导入设备	方案2 休息日晚上导入设备	折中方案 在两个假期之间的工作日晚上导入设备
机会成本	200～250	100～150	150～200
施工费用	200	300	200
相对不利的因素	晚上顾客多，机会成本增加	施工人员休息日的劳务费上涨	这一天虽然是工作日，但晚上顾客比平时少，整体来说相对有利

3-24 批判性思考框架
⑥想当然 PAC 思考方式

请在这种情况下使用

芝 麻 彦："新店铺在上周末和这周末卖出了很多面包。文化节期间料理面包卖得真是太好了，对吧，小照前辈。"

小照前辈："这多亏了麦夫。他去文化节会场附近摆摊卖面包，肚子饿了的同学就会去买面包，场面相当热闹。"

芝 麻 彦："下周这附近又有学校要办文化节了，麦夫要是去摆摊，又可以大赚一笔。赶紧准备预订下周的材料吧，快给负责人打电话！"

小照前辈："芝麻彦每次都喜欢一头扎进错误的方向里。下周有台风，文化节可能会中止，你没看天气预报吗？"

芝 麻 彦："呃……我忘记考虑天气因素了。对不起。"

小照前辈："虽然根据预测展开行动的做法很好，但是一定要把握好所有情况再下结论。"

什么是 PAC 思考方式？

　　PAC思考方式指的是通过Premise（前提）、Assumption（假设）、Conclusion（结论）这三个要素对情况进行分析，从而找出论点的方法。

判断通过假说得到的结论是否可靠

所有判断都是基于前提和假设做出的。前提与推测加在一起才是假说，而PAC思考方式就是通过验证前提和推测来判断假说得到的结论是否令人信服。

如果用PAC思考方式证明结论不可靠，那么得到的假说就缺乏可信性，需要给出其他假说。

芝麻彦根据过去的实际成绩得到了"只要在文化节会场的附近进行宣传，就会有很多客人来店里买面包"的假说。但是这一假说中，没有包含天气预报这一因素。所以，在小照前辈告诉芝麻彦下周有台风之前，芝麻彦的脑海里完全没有恶劣天气会导致文化节被迫中止的概念。

如果用PAC思考方式进行整理，可以得到以下内容。

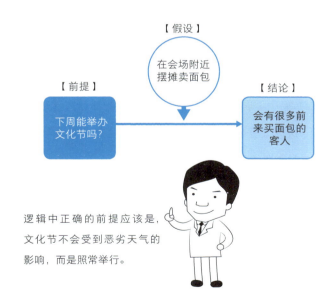

3-25 批判性思考框架

⑦想当然 奥卡姆剃刀

  请在这种情况下使用

麦　　夫："芝麻彦，你在做什么？"

芝 麻 彦："前段时间不是因为陈近连续开了几场文化节，所以我们的销售额有了大幅度提高吗？当时由于对客流的错误估计，我差点下错订单。如果没有小照前辈，一定会造成大量的浪费，导致亏损。"

麦　　夫："啊，就是我在外面摆摊卖面包的时候吗？"

芝 麻 彦："不过现在已经没问题了！这次我已经进行了缜密的逻辑思考。你们听好了，我统计、分析了以往的业绩，发现可以把上周的客流量、附近举办活动的次数、竞争店铺的活动次数以及当天的天气情况等数据进行置换与搭配，通过定量分析与评价预测本周的客流量。"

小照前辈："等……等等啊。虽然这些因素可能都和客流量有关，但是这也太复杂了，没有实用性。其实越简单越容易运用，你只需要看上周业绩与晴天、阴天和雨天的关系就足够了。"

  什么是奥卡姆剃刀？

奥卡姆剃刀是当需要对同一事物的多种说明进行取舍时，采用的一种"越简单越正确"的选择基准，是由14世纪的哲学家奥卡姆提出的有节制地思考的理论。

利用减法探求事物本质

　　说明的内容越简单，越容易让人理解，也更容易运用。这种面对事物询问自己有没有多余的地方、能不能再简化一点，从而探求事物本质的思考方法，属于算数中的减法。

　　即使省去部分因素，内容也同样成立，或者即使省去部分说明也能让人理解时，就代表还能用奥卡姆剃刀进行修理。果断删掉那些即使没有，对整体影响也不大的因素，才能既保证内容的逻辑性，又令其简单易懂。

　　虽然芝麻彦预估了影响销量的所有因素，并整理出了公式，但是想要收集所有因素的数据非常麻烦。数据越多，计算时越容易产生误差。想要修改这些复杂的数据，也非常耗费时间。

　　小照前辈也有类似的担心，所以建议芝麻彦简化公式。简化的具体方法是尽可能少地选出对结果影响较大的因素。

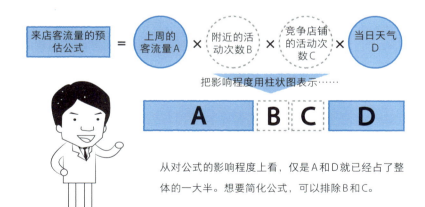

来店客流量的预估公式 ＝ 上周的客流量A × 附近的活动次数B × 竞争店铺的活动次数C × 当日天气D

把影响程度用柱状图表示……

A B C D

从对公式的影响程度上看，仅是A和D就已经占了整体的一大半。想要简化公式，可以排除B和C。

请在这种情况下使用

麦　夫："上个月这附近开了一家新店铺，虽然开业之初吸引了很多顾客，但是最近不怎么热闹啊。"

芝麻彦："是啊，因为那家店在做开业特惠的时候场面很混乱，而且人手也不够，导致面包品质下滑。这个状态持续了整整一周，也难怪客流量会减少。"

麦　夫："但是现在面包的品质已经恢复了吧？"

小照前辈："麦夫啊，人都是先入为主的，如果一开始就有不好的印象，那这个印象就很难消除了。而且，刚开业不久的时候，他们搞错了面包的价格，把300日元的面包标成了100日元。后来改回300日元的时候，顾客就开始对他们抱有涨价的负面印象。虽然之后他们店抱着亏本的心理准备把价格降到200日元，但还是有人觉得比100日元贵。"

芝麻彦："那我们把那家店作为反面教材引以为戒，争取给顾客留下一个好印象吧。"

小照前辈："是的，我们可以利用人们想当然的特性。"

什么是认知偏误？

　　认知偏误是一种受到先入为主或想当然的思想的影响，使内心感觉变迟钝，无法做出理性判断的心理效果。

把控你在对方心中的形象

　　如果想当然地展开行动，就会经常做出不理性的判断。比如你看一眼太阳后，即使闭上眼睛，强烈的光线也会留在你眼内久久不能退散。与此类似，强烈的印象会刻在人的大脑中，令人久久无法忘怀，最终你的思维也会受到这份强烈印象的影响。这就是认知偏误。

　　麦夫店铺附近的面包店在开业之时场面混乱，给客人留下了强烈的印象，这一印象让客人产生了认知偏误，不愿意继续光顾。如果你能意识到认知偏误的力量，就能把控你在对方心目中的形象，从而使双方的交流朝着有利于自己的一方展开。

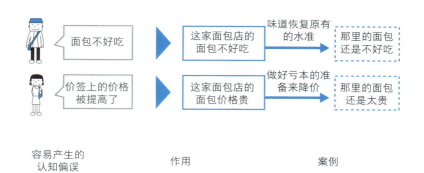

容易产生的认知偏误	作用	案例
晕轮效应	受对象某个显著特征的影响，做出有失偏颇的判断。	那家店的甜甜圈不好吃，所以其他面包也不好吃。
风险转移效应	虽然一个人时难以行动，但大家一起行动时就不再有抵触心理。	就算是红灯，只要大家一起过就没关系。
沉没成本效应	因为舍不得至今为止的资金支出而继续投钱。	虽然玩弹珠机已经花了5万日元，但是说不定只要再花一万日元就能中大奖。
从众效应	听从多数派的意见或追随潮流。	这本书很畅销，我也买来看看吧。

🔵 和对方站在同一角度思考

在解决问题的过程中，有时需要得到对方的协助才能顺利进行。使用前面介绍的框架也许可以解决你的问题，但如果能搭配使用让所有人相互理解、达成一致的交流技巧——"引导技巧"，会更有效率。

在与对方建立联系时，最常用到的是信任感。这是代表信赖关系的心理学术语，能否与对方建立信任感，会使问题解决的难易程度发生翻天覆地的变化。

我们以无法建立信赖关系的"黑芝麻彦"与能建立信赖关系的"白芝麻彦"的交流为例，来观察他们之间的差别。

＜无法建立信任感＞

 "芝麻彦的邮件不太好懂。"

 "没有这回事啊，我写得很简单易懂啊。"

 "最好修改一下结构，在开头说出结论。"

 "算了吧，这就是我的风格。"

＜能够建立信任感＞

 "芝麻彦的邮件不太好懂。"

 "没有这回事啊，我写得很简单易懂啊。"

 "最好修改一下结构，在开头说出结论。"

 "既然麦夫都这么说了，我就修改一下写作方式吧。"

　　信赖关系（Rapport）的基础是相互理解。如果只希望别人理解你，而你不去理解别人，就太任性了。

　　如果你想充分了解对方的意图，仅听对方讲话是不够的。必须通过①把想法转化成语言②说话③听取对方讲话④转换你听到的语言、理解其中的含义这一连串的动作，才能把自己的想法传递给对方。但是在①～④的过程中，会因为表述上的不足、理解上的不充分、健忘等原因造成信息传递上的缺失，这时就需要能够表明自己态度的"回溯法"。

　　回溯法是指给出与对方发言相同含义的回答，强调自己与对方的认知相同。

　　比如，下面的对话就是一个典型的例子。

 "这个面包的黄油味道太重了，好难吃啊。"

 "是啊，黄油味确实很重，很不好吃。"

 "哦，麦夫你也这么觉得啊。果然如此。"

　　还可以在对方的内容里加入自己的意见，从而引发讨论。

 "是啊，黄油味确实很重，很不好吃。如果能再加点酸味，就会好吃一点。"

 "是吗，还有加酸味的方法啊。"

　　回溯并不是简单的阿谀奉承，而是一种向对方突出自己充分理解对方的想法、价值观的技巧。

专栏③ 使用引导技巧促进沟通

● 在不影响对方心情的情况下否定对方的意见

　　一味赞同他人的想法是无法推进交流的。当双方意见出现明显的分歧，并且需要继续和对方朝着一个方向行动时，我们应该怎么做呢？如果能解决这一点，就代表双方可以进行对等的交流。

　　比较自己与对方的方案，采用其中一个方案或者考虑折中方案，是利弊分析或二难推理的做法。

　　但是，在实际交流中，错误的交流方法有时会使对方在逻辑上同意你的想法，但在感情上并不认同你，最终导致意见不统一。为了避免出现这种情况，引导技巧中还有一种技巧能让对方愉快地协助你的工作。

　　前面介绍的回溯法，是通过赞同他人推进交流。但这个技巧只适用于全面认同他人意见，或者在对方意见的基础上进行改善的情况，如果你想驳回对方的建议，就无法使用该技巧了。这时能帮助到你的就是YES·BUT法。

　　虽然YES·BUT法的最终目的是否定对方的意见，但是该方法的关键在于一定要赞同对方的部分意见。例如，当麦夫想要驳回芝麻彦的意见时，就采用了这个方法。

"在黄油较多的调理面包里加入很多柚子醋后，面包会带有酸爽的口味，感觉变好吃了。"

"你说得没错，口感确实清爽了不少，我也觉得这样可行。但是每个人能接受的柚子醋的添加量不一样，我们还是再想想其他方案吧。"

"啊……也是。确实不应该在面包里强行加入柚子醋。"

当难以驳回对方的意见，或者仍有可参考的一部分意见时，应以对方的意见为基础，一点点加入自己的意见，并进行说明。这种方法之所以有效，是因为能让对方觉得自己也参与了结果的汇总。

下例也使用到了YES·BUT法。

"在黄油较多的调理面包里加入很多柚子醋后，面包会带有酸爽的口味，感觉变好吃了。"

"你说得没错，口感确实清爽了不少，我也觉得这样可行。但是每个人能接受的柚子醋的添加量不一样，我们还是再想想别的方案吧。"

"我还想了几个方案，但还是加入柚子醋的面包最好吃。"

"我知道了。可能确实加点酸味比较好。既然如此，我们找一些富含酸味的水果怎么样？"

"是啊，只要是有酸味的东西应该就可以。"

只要掌握了回溯法和YES·BUT法，就能在互相尊重对方价值观的同时接受对方的建议，并推动整个讨论向着积极的方向发展。

也有和对方从正面进行意见交锋的做法，但是在做到这一步之前，必须在一开始就和对方建立刚刚提到的信任感。毕竟在这个世界上，愿意从不太熟悉的人口中听到否定意见的内心强大之人并不多见。

这种引导技巧是马上就可以使用的。希望以前没有尝试过的人务必挑战一下。

第 4 章

序章　　了解解决问题的思考方式

第 1 章　问题解决的王道

第 2 章　案例分析基本篇　　使用不同的思考方式解决问题

第 3 章　职场常用的商务思维框架

案例分析实践篇
学习有名的事例

本章以真实的有名事例为基础列举案例，使用在第 3 章学到的 22 个商务思维框架，分别用逻辑思考、横向思考以及批判性思考解决问题。

4-0 通过案例分析熟练掌握各框架

商务思考方法中常用的框架

上一章中，我们分别通过逻辑、横向、批判性这三大思考工具对常用的商务思维框架进行了说明。尽管案例中分别使用了每一种框架，但是对于我们周围发生的问题，往往需要把这些框架搭配在一起使用。

本章中，我参考了几个广为人知的、经典的问题解决案例（包括成功案例和失败案例），希望通过案例分析让大家看清麦夫他们解决问题的整个过程。

如下页图表所示，我对案例分析时会用到的框架进行了整理。案例大致分为灵活使用了这些框架的成功案例和没有灵活使用框架的失败案例。案例中出现的企业来自各行各业，其中也有虽然成功过，但因为没有活用这一经验，数十年之后在同一领域栽跟头的企业。

那么，我们该如何搭配使用框架，解决眼前的问题呢？本章将通过实践加深大家的理解。

	成功案例　　失败案例			
1	把产品卖给不同文化背景的国家	故事法	SCAMPER	
2	质疑业界常规认识	逻辑树 金字塔结构	类比法	一致性/差异性分析
3	通过模仿热情收获真实的感动	因果关系/相关关系	感染/模仿	
4	产生意料之外的热卖商品	亲和图法	头脑风暴	PAC思考 认知偏误
5	开拓更长远的市场			利弊分析 奥卡姆剃刀
6	偏离主道反而造就了划时代的商品		缺点、期望列举法 感染/模仿	认知偏误
7	需求突然增加，我们应该怎么办？	IPO TOC		
8	估错价格会导致销量不佳！？	MECE 维恩图		直方图
9	为什么会被别人的思维带跑？			BATNA/ZOPA 二难推理

第4章

案例分析实践篇

NICE HARVEST公司的销售额主要来源于合作店铺的面包销售。该公司在日本有几家直营店，通过把刚烤好的面包直接送到顾客手上来提高品牌的竞争力。虽然还没有彻底在国内站稳脚跟，但心急的经营层已经开始打算进军海外市场了。

受到经营层的指示，负责人来到处于寒冷地带的某候选城市进行考察。以下是他给出的报告书。

虽然这座城市里有很多生活富裕的人，但冬天的天气冷到可以拿香蕉敲钉子。如果把水分较多的点心面包或者小蛋糕放进纸袋交给顾客，那么等顾客回到家时，面包就会被冻住，变得硬邦邦的。所以当地人会在回家后把冻住的面包用微波炉解冻后再食用。但这样面包的口感就会变差，所以把面包打包回家的人并不多。

如果经营层坚持决定向寒冷地区发展，那么从哪些方面下功夫，才能让大家多买面包呢？

174

解决问题的思考方式

通过负责人的报告可以得知，如果沿用日本国内的销售方式，那么在顾客把面包带回家后，面包已经被冻得硬邦邦了。

想要多卖一些面包，不应只考虑让顾客在店里吃掉面包，而必须增加面包被带回家后的可食用性。怎么做才能让顾客想把面包带回家食用呢？这时可以用 **故事法** 站在当地人的角度进行思考。

如果带回的面包不被冻住，那么面包的口感就不会变差。所以只要把面包放在保温性容器里，就能使面包在从店铺带回家的过程中不被冻住，从而防止口感变差。

但是，如果蒸出来的面包直接接触了容器，口感也会下降，所以还需要考虑防止直接碰触的方法。这时，可以使用 SCAMPER 确立作业顺序，让任何人都能简单地完成操作。

运用的场景可以用故事法进行联想。

当作业顺序缺乏可行性时，可以利用 SCAMPER 换个思路进行思考。

这回轮到逻辑思维和横向思维一显身手了。

利用故事法进行场景模拟

芝 麻 彦： "其实不到面包会被冻住的地方发展就没有烦恼的必要了，不过不能这么说吧？"

小照前辈： "的确如你所说，我们在国内都没到那么冷的地方发展，第一次进军海外真的没必要选择难度这么大的地方。但是机会难得，就当是锻炼了，让我们来想想解决办法吧。"

麦 夫： "知道了，那我就来说说我的想法。根据报告可以得知，虽然这个城市也有面包店，但是面包会在被带回家的途中冻住，所以很少有人把面包带回家吃。也就是说，如果能保证面包不被冻住，那么顾客还是会选择在家里食用的。"

芝 麻 彦： "的确如此。如果面包不被冻住，口感就不会变差。这样一来，也许会有人想把面包带回家。但是，具体你想怎么做呢？"

麦 夫： "芝麻彦，这个时候应该使用 故事法 ，站在当地人的角度进行思考。我曾体验过北海道零下20摄氏度的冬天，所以应该能设身处地地进行思考。"

小照前辈： "真是可靠啊。你试着想想看吧。"

麦 夫： "首先，假设我住在这个城市，然后再设想一下什么样的情况下，带回家的面包不会被冻住。我走出面包店，大雪朝我砸来，鼻子也几乎要被冻住了。在这种情况下，就算我把面包夹在腋下，面包也会很快冻住。北海道的人走路时会把东西放在保温瓶里。这样一来，外面的冷空气很难进入瓶子，里面的东西几小时也不会被冻住。"

芝麻彦："麦夫，保温瓶应该很贵吧？如果帮顾客准备保温瓶，我们就没办法盈利了吧？"

麦　　夫："如果只要求保温瓶在回家路上的几十分钟内有保温效果，可以用便宜的金属进行制作。"

小照前辈："我们可以把高级豪华蒸蛋糕放在简易保温瓶里进行销售，等顾客返还保温瓶后，我们可以退还这部分钱，怎么样？这和退还可乐瓶能够返还 10 日元押金是一个道理。"

芝麻彦："而且这个城市的有钱人很多，就算价格贵一点还是会有人买的。我们就用这个方法吧。"

麦　　夫："还有，顾客怎样把面包拿回家也令人关注。我想大部分人都会用手拎着瓶子或者夹在腋下，所以如果能在保温瓶上装一条圆一点的绳子，使用起来应该会方便很多。"

小照前辈："现在我们的想法越来越具体了。好，就沿着这个方向继续思考吧。"

利用SCAMPER换个方式思考

麦　　夫："我已经买到了小型保温瓶。"

芝 麻 彦："看起来挺贵的，花了多少钱呀？"

麦　　夫："也不是特别贵，一个500日元。如果向厂家进行大量订购，一个应该在200日元左右。"

小照前辈："如果是在每个面包的价格上加200日元，面向富裕层的蒸蛋糕应该可以卖得出去。我们赶紧试着把蛋糕装进去吧。"

—————————开始作业—————————

麦　　夫："小照前辈，不行啊。虽然一个一个慢慢放的时候没什么问题，但如果想要提高速度，就没办法摆得特别好看了。"

小照前辈："会变成什么样？"

麦　　夫："因为蒸蛋糕的表面是黏的，如果碰到瓶子，就会被粘住。虽然只想让瓶子的内部和蛋糕下半部的纸杯接触，但是把蒸蛋糕放到瓶子里的时候，很容易粘到手上，总是放不好。"

小照前辈："嗯……确实挺让人头疼的。虽然使用保温瓶是个好方法，但是这样一来，就没办法用这个方法了啊。"

芝 麻 彦："麦夫，你能把你的装瓶顺序再说一遍吗？"

麦　　夫："好的。首先，把保温瓶的盖子打开，放在面前。把刚做好的蒸蛋糕整层搬过来，用右手拿住蒸蛋糕，把它放进保温瓶里，最后盖上盖子就完成了。然后重复进行这套动作。但是，到最后一个步骤的时候手容易发抖，蛋糕表面就会粘在瓶子上了。"

芝 麻 彦："也就是说，用手拿的时候容易发抖，所以才会粘到。既然如此，把蒸蛋糕轻轻倒置在台子上，再把保温瓶盖上去不就行了？因为蛋糕的底部用纸杯包着，所以不用担心会粘在瓶子上。"

麦　　夫："是哦！就算拿着保温瓶的手会抖，因为纸杯是固定的，所以可以不粘到任何东西、干净地盖上去！"

小照前辈："这回我们利用 SCAMPER 切换思维方式，顺利地找到了解决办法。"

| 打开盖子，将保温瓶放在面前 | 把刚做好的蒸蛋糕整层搬过来 | 右手拿住蒸蛋糕，放入保温瓶中 | 盖上盖子，完成作业 |

放在台子上：保温瓶
用手拿：蛋糕

放在台子上：蛋糕
用手拿：保温瓶

实例介绍：杯装方便面

　　上述案例参考了日清食品创始人安藤百福发明杯装方便面的故事。杯装方便面从1971年开始销售，截至2012年，日本国内共售出200亿份，包括海外市场在内共80个国家的销售量则达到近300亿份。它是世界上最知名的方便面厂家，也是世界上第一家发售杯装方便面的公司。

　　起初日清食品凭借鸡汁方便面不断扩大在日本国内市场的占有率，在安藤的决策下，日清食品于1966年将方便面卖到了美国，开始进军海外市场。

　　当时的鸡汁方便面都是用塑料袋包装的，需要把面和调味料放进碗里，再加开水泡开。但是，在商务谈判的现场找不到合适的碗。这时，美国买方把鸡汁方便面的面捏碎了放入杯子里，然后再加开水泡开。安藤看到人们用杯子泡面，用叉子吃面的样子，就进行了如下思考。

　　　　只要把塑料包装换成简单的容器，加入开水后就可直接食用，这样方便面是不是也可以在没有筷子和碗的文化圈内普及？

　　安藤认为美国买家的行为是美国人共有的习惯。要想象美国人在日常生活中。这样一来，轻松品尝美味的方便面的场景，**故事法** 可以帮上大忙。

　　制作杯装方便面时，遇到的最大难题是面的构造。想让面在加入开水的杯中自然散开，均匀地交织在一起并不简单。

　　如果只是简单地把面和调味料放在杯底，然后再加入开水，就会使杯内上下温度不均，汤的浓度也会有差异，这种情况下做出的面一点都不好吃。为了改善这一问题，他们把包装改成了能让面刚好放进去的圆台的形状。然而这么一改，又出现了新的问题。

在进行大量生产的过程中，机器会依次把面块从上面投入位于传送带的包装杯里。由于面在下落时很难保持平衡，时常会发生投放的面块竖立或者倾斜的情况。在这种情况下倒入开水，面和汤很难完美地融合在一起。

考虑再三，安藤又想到了下面这个办法。

第4章

案例分析实践篇

不应该把面块装进包装杯，而应该把包装杯盖在面块上。这样就可以避免面块竖立或者倾斜了吧？

这一设想很有成效，十分顺利地解决了他们的问题。就像"如果推不管用，就拉一下试试"的说法，安藤通过对调作业顺序以及对象的位置，找到了解决方法。这种思考方式属于 SCAMPER 中的Reverse（互换、颠倒）。

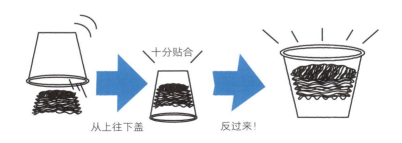

从上往下盖　　　十分贴合　　　反过来！

NICE HARVEST公司经营层就是否向海外进军再三考量后，最终决定进军南方国家的市场。开店的前提是把海外1号店的面包房开在南方国家旅游胜地的某个一流酒店的一层大厅里。

和酒店进行协商后，对方以统一酒店的整体氛围为由，要求由酒店决定最终销售商品的种类。这属于此地区的商业习惯。

NICE HARVEST公司为了提高利润、提升公司品牌价值，想在店里摆放一些属于自家品牌的关联商品（手提袋、围裙等），但是酒店方表示"不可以摆放"。

而NICE HARVEST公司希望海外1号店能在南方国家的旅游区长期经营下去，自然想要在店里销售一些能提高品牌形象和利润的商品。这时应该怎么做呢？

解决问题的思考方式

虽然经营层做出英明的决断，避免了向寒冷地区发展，但是在新进军地的南方国家还是遇到了一些问题。

NICE HARVEST公司不想只卖面包，但是酒店却认为只要将面包卖给酒店里的客人就可以了。按照当地的常规认识，NICE HARVEST公司必须接受酒店的意见。

面对这样的不利条件，当地的其他承租者不可能没有任何异议地欣然接受。我们可以用 **逻辑树** 整理出自己公司的利润构成，再用 **金字塔结构** 分析其他公司的商品，调查二者在利润构成上有何不同。

如果能用 **一致性／差异性分析** 比较自家公司和其他公司的现状，再用 **类比法** 找到可以弥补不足的线索，也许能想到史无前例的新办法。

利用逻辑树认识自家公司的收益构成

小照前辈： "首先必须搞清楚我们公司到底想让在南方国家的海外1号店做什么。你们俩知道公司的主要业务有哪些吗？"

麦　　夫： "的确如此……NICE HARVEST 公司的主要业务大概分为4类。分别是：①面向合作店铺制作各类面包；②直营店的运营；③面包教室的运营；④自家品牌关联商品的销售。"

小照前辈： "没错。顺带一提，这四大业务的销售规模（大中小）和利润率（高中低）分别是：①大：低；②小：中；③小：低；④中：高。海外1号店能进行以上哪几种业务？"

麦　　夫： "我们公司在海外没有面包工厂，当地也没有能在面包教室教学的人才。所以，应该把业务集中在②和④上。"

小照前辈： "正是如此。但现在的情况是，虽然他们允许我们作为承租者在酒店里开直营店，但是不允许我们进行自家品牌关联商品的销售。"

 利用金字塔结构分析其他店铺的收益构成

芝麻彦： "虽然酒店方面不允许我们销售自家品牌的商品，但是它的利润很高，不卖就太可惜了。"

小照前辈： "是啊。所以我想调查一下入驻这家酒店的其他餐饮店都在卖什么产品。"

————几个小时以后————

麦　夫： "数据都收集到了。让人比较意外的是，所有的店铺都只卖食物和饮料。就连那个有着人鱼标志的知名咖啡店，也没有卖玻璃杯和手提袋。"

芝麻彦： "真的吗？他们家的所有店铺都会售卖玻璃杯、搅拌匙和杯垫。连他们家都不卖了吗？"

麦　　夫："作为参考，我用 **金字塔结构** 整理了这家公司在南方国家分店销售的商品以及一般店铺的收益构成。看了这张图后，让人觉得特别在意、特别不自然的地方是，为什么他们会选择在这开店。"

利用一致性/差异性分析掌握其他店铺的策略

芝 麻 彦："在这样不利的条件下，他们居然还想要继续经营咖啡店。"

麦　　夫："是啊。而且其他所有的餐饮店都只卖食物和饮料。啊……好想在南方国家店摆上我们的吉祥物'小收获'啊……"

小照前辈："现在放弃还太早。其实在酒店附近有一座大型的购物中心，那里有酒店中的咖啡店的分店。他们在那里销售咖啡器具以及自家品牌的商品。"

麦　　夫："什么？这是怎么回事？！明明都在酒店里开店了，还专门跑到附近购物中心开分店，这么做很没有效率吧？"

小照前辈： "他们这么做纯粹是为了卖那些在酒店里卖不了的东西。因为店铺不开在酒店里面，所以酒店无法干涉，而且如果分店就在附近，还可以推荐酒店的客人去购物中心的店铺。我们先考虑清楚自己到底想做什么以及周围的情况，然后再明确对策吧。"

NICE HARVEST 公司到底想在南方国家做什么（必要条件）	其他咖啡店的策略		NICE HARVEST公司的对策
②直营店的运营	在酒店开店	▶	接受酒店方的条件
④自家品牌相关商品的销售	在隔壁的购物中心开分店	▶	与购物中心进行开店交涉
	在酒店内的店铺放置广告牌指引客人去购物中心的分店	▶	得到酒店方在店铺内放置引导指示牌的许可

 ### 用类比法找出赶超其他店铺客流量的方法

芝麻彦： "虽然现在只有在购物中心同时开设分店这一个办法，但是客人真的会从酒店那边过来吗？"

小照前辈： "说说你的想法吧。"

芝麻彦： "不好意思，扫大家的兴了。但是我觉得单凭广告牌很难把客人引导出酒店。因为来我们店的客人肯定是来买面包的，如果是这样，那么酒店店铺里就有卖的，没必要到外面去买。所以我们必须为客人制造新的动机。"

小照前辈： "的确如此。那你有什么好办法吗？"

芝 麻 彦："比如有一种特别的面包，只有到商业街的分店才能买到。并且还要在酒店店铺的菜单里进行展示，让人一看就垂涎欲滴的那种。这样一来，客人有兴趣自然就会去商业街的分店了。"

小照前辈："哦，听起来不错。你是怎么想到这个办法的？"

芝 麻 彦："上周我因为身体不适，去了一趟医院。当时医院只给我列出了一张药单，必须去附近的药房才能买到。所以我觉得，想让人从一个地方移动到另一个地方时，可以使用这种方法。"

小照前辈："这是比较直接的 **类比法** 呢。好！就按这个方法来！"

 实例介绍：乐天棒球队（东北乐天 Golden Eagles）

本案例参考改变了日本职业棒球界整体商业模式的乐天棒球队（东北乐天 Golden Eagles）的故事。2005 年这支队伍首次加入太平洋联盟，虽然在棒球锦标赛的排名垫底，但是第一年就实现了盈利的伟绩。

以前，人们都认为日本职业棒球只属于大企业广告宣传的一部分，大部分经营方认为就算棒球这一块儿赔钱也没关系。事实上，除了一部分球队，亏损在 20 亿日元以上的球队不在少数。而买下一支球队，就意味着要经营一个常年亏损的事业。

但是，体育产业盈利的现象也确实存在。所以，乐天棒球队对美国职棒大联盟、日本职业足球联赛以及欧洲职业足球联赛的商业模式进行了彻底的分析，反复运用 **金字塔结构** 整理其体系，用逻辑树分解其要素，以此重新审视日本职业棒球的商业模式。

分析结果表明，日本职业棒球队的主要收入来源有：①售票；②放映权；③商品销售；④比赛收入（包括饮食）；⑤法人赞助；⑥会员俱乐部会费6项，球队经营的基本方针是对这6项收入的来源进行成果放大及成本抑制。

但是，对于隶属于太平洋联盟的乐天棒球队来说，想要大幅度提高②放映权所带来的收益是不可能的。所以他们把目光放在"以球场为中心全方位扩大业务范围"这一点上。

刚才提到的①～⑥的收益，都会因为到场观众的增多而增加。注意到这一点的乐天棒球队着手对球场进行了改造。

这种创意参考了费用昂贵的航空业和酒店行业，为了让观众在停留在球场的这段时间内得到满足，最终创造出了这些想法。

特别是在团体观众席设置桌子这一行为，就是用类比法从完全不同的行业——居酒屋的商业模式中得到启示，让客人能在现场充分地享受其中。

改造方案	目的
把观众席改造成日本球场中少有的左右不对称结构	增加在本垒观球的观众数量
设置不同等级的座席以及专用卫生间	满足追求高附加值的球迷
为团体观众席提供桌子	促使想在居酒屋看球的观众到现场看球
设置女性化妆室	促使带小孩的家庭到现场看球
售卖选手相关的主题商品及饮食	既能提高选手知名度，又能面向固定粉丝群体进行销售，提高销售额

4-3 成功案例③
通过模仿热情收获真实的感动

NICE HARVEST公司在两年前开设了面包教室，希望以此扩大面包爱好者的圈子。

面包教室开设之初广受好评，参加课程的学员也确实感受到自己对面包的喜爱程度加深了。但是仅仅过去半年，当再询问面包教室的情况时，却感觉大家的热情消退了很多。

又过了不久，面包教室的营业额开始持续下滑。

经过面包教室负责人的介绍，我们得知面包教室成立初期在店里打工的员工决定去其他公司就职，所以从半年前都接二连三地辞职了。

虽然及时雇用了新员工，但也许因为其中没有像离职员工那样充满热情的人，所以影响了店内整体的氛围和评价。

到底怎么做才能让面包教室回到原有的氛围呢？

 解决问题的思考方式

如何认识面包教室营业额持续下滑的原因，将左右到该案例的解决方法。

如果认为问题在于面包教室成立之初员工拥有的那份热情未被传递下去，就应该重新审视员工培养的问题。

另一方面，如果认为是面包教室的教材左右了员工的热情，就必须制作出无论讲师是谁，都能让学员相对满意的教材。

想要培养充满热情的员工，就必须明确如何使领队的热情传递至整个团队。这时使用 感染法 也许能够解决问题。

其次，当学员无法被员工的热情感染时，想要制作出令他们满意的教材，就需要利用 因果关系/相关关系 分析现有教材、授课方式的何种因素与学员满意度有关。

 利用感染法进行意识改革

麦　　夫："参与创立面包教室的员工离职后，营业额就下降了。他们一定都很优秀吧。"

小照前辈："如果单单是因为这样，那么总有一天能够拉回营业额。但现在的问题是，已经过去半年了，营业额依旧持续下降。到底是哪里出了差错呢？"

芝 麻 彦：“是不是参与创立面包教室的员工的热情没有传递给剩下的员工呢？我觉得只要建立使命宣言，让所有员工拥有共同的价值观，当初的那份热情就能够延续下去。”

小照前辈：“你这是从相关人员那里听到了什么吗？”

芝 麻 彦：“其实，有一个离开面包教室的员工被分配到了我隔壁的团队。我偶然听到他说，很后悔没能把他们那批人积累下来的东西好好传递给后来的员工。”

小照前辈：“原来是这样啊。既然当事人都这么说了，一定没错。但是，为什么当时没能好好传递下去呢？既然当时他们都这么有热情，应该不会出什么问题的啊。”

芝 麻 彦：“据他说，都怪当时给后辈的指示太多了，让员工养成了不自主思考，而是一味等待指示的习惯。因为都是这样的员工，所以面包教室的学员也渐渐不来听课了。”

麦　　夫：“一味等待指示的员工越来越多，该如何改善呢？我们必须把希望他们改变的事情明确下来。”

芝 麻 彦：“是啊，这么一来，之前提到的使命宣言就很重要了。面包教室成立之初，员工都抱有同一个想法，就是希望有更多的人可以和家人一起享用刚烤好的面包。如果把这一想法定为员工的共同目标，明文规定达成这一目标需要的行动准则，面包教室的热情也许就会死而复生了。”

麦　　夫："既然如此，我们以把面包的好处传达给大家、时刻向最高标准看齐为目标制定行动准则吧。比如说，成为最了解面包的美好之处的人、帮助学员加深对面包的兴趣、打造不输给其他地方的高级面包教室。"

小照前辈："听起来不错。想让大家抱有同一个想法，就必须将其具象化。想要判断为达成目标所采取的行动是否恰当，就应当通过行动准则把希望大家做到的事情传达给大家。当明确了行动准则和大背景下的使命宣言，再通过 **感染法** 将其传递给员工，在展开行动时大家就不会再感到茫然。"

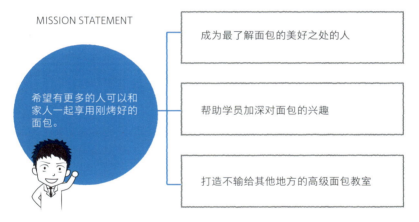

MISSION STATEMENT

希望有更多的人可以和家人一起享用刚烤好的面包。

- 成为最了解面包的美好之处的人
- 帮助学员加深对面包的兴趣
- 打造不输给其他地方的高级面包教室

利用因果关系/相关关系找出需要改善的地方

麦　　夫："面包教室员工的热情不够，会给学员带去不好影响，这我已经大概理解了。但我觉得它们之间的关系好比'大风吹来，木桶店大赚'（日本谚语），只是一种相关关系。"

小照前辈："我们现在的情况是，虽然已经了解了契机和现状，但对其过程并不是特别清楚。怎么做才能明确具体的 **因果关系** 呢？"

麦　　夫："虽然利用 **感染法** 让全体成员拥有共同的目标很重要，但是还有一点不能忽视，就是面包教室的教材缺乏吸引力。即使员工授课的方法不那么出色，如果讲课的内容是学员所期待的，营业额也不会减少这么多。"

芝　麻　彦："我也这么觉得。如果使用的教材很无聊，学员就会根据员工的情况选择继续上课或者离开。"

小照前辈："看来已经找到需要改善的地方了。只要向知情的人了解一下，应该就可以确定改善对策了。"

芝　麻　彦："小照前辈，有知道的人哦。刚才不是也提到了以前的员工吗？"

小照前辈："对啊。请他帮我们确认一下面包教室现在的情况以及正在使用的教材，应该就能找出断绝消极相关关系的关键。"

如果只知道最初和最后的情况，就只能了解相关关系

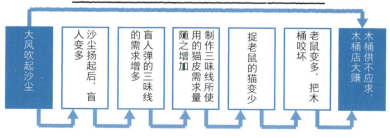

掌握了每一个过程，就能了解因果关系

———————几个小时以后———————

芝 麻 彦："麦夫,现在怎么样了?了解到什么了吗?"

麦　　夫："直接去问真是太正确了。在参与创立面包教室的员工还在的时候,教科书顶多作为参考,授课时员工会根据学员的反映不时地改变讲课方式。但是现在的工作人员只是照本宣科,所以很多对此不满的学员就渐渐不来上课了。"

第4章

案例分析实践篇

小照前辈："谢谢,我了解了。想要改善面包教室业绩低迷的情况,我们需要做两件事。一是如果无法依靠员工自身的创新,就需要重新审视不适用的教材;二是需要建立一个能把曾经参与创立面包教室的员工的热情传递给全体员工的机制。好了,我们马上开始考虑改善方案吧。"

如果只知道最初和最后的情况,就无法找到具体的对策

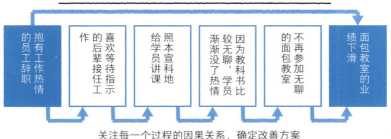

关注每一个过程的因果关系,确定改善方案

实例介绍:星巴克咖啡

本案例参考颠覆了咖啡店常识的星巴克咖啡(以下简称星巴克)

的故事。星巴克的发展多亏了霍华德·舒尔茨和霍华德·毕哈这两位"霍华德"。在西雅图之外的地区开设首家分店即芝加哥分店时（1987年），星巴克只有17家店铺，而到了2008年，其规模已经扩展至全球，拥有超过1.6万家店铺。

在霍华德·舒尔茨的努力下，星巴克首次进军其他地区，选择在芝加哥开设分店。但在当时，很难说西雅图系的咖啡是否已为当地人接受。而且在芝加哥，福爵咖啡作为咖啡界巨头已经占有了大部分市场，除此之外，星巴克的咖啡和他们公司的咖啡相比，味道要浓得多。

即使在这种情况下，霍华德·舒尔茨依然坚信"把最高级的咖啡豆在最新鲜的状态下提供给顾客"这一服务风格是正确的，并且不愿意用脱脂牛奶或其他风味刻意迎合客人。这样一来，芝加哥店铺的经营状态每况愈下。

就在星巴克的业绩陷入危机的时候，另一位霍华德（毕哈）加入了星巴克。

毕哈认为想要重振芝加哥分店，应该制作迎合顾客口味的咖啡。由于地域关系，在西雅图有很多喜欢喝浓咖啡的人，同理，地域不同喜欢的口味也会有所不同。毕哈看清了尊重当地口味与星巴克被当地人接受这两者间的相关关系，并收集了员工的想法，研制出新口味的咖啡。

以此为契机，星巴克制定了自己公司的使命宣言。

【使命宣言】

To inspire and nurture the human spirit—

One person,one cup,and one neighborhood at a time.

激发并孕育人文精神——

每人，每杯，每个社区。

【行动准则（意译·摘录）】

> *Our coffee*

我们致力于追求最高品质的咖啡。我们关注每个细节，毕生追求、永不止步。

> *Our Partners*

我们接受工作伙伴的多样性，致力于打造让所有人尽情展示自我、轻松愉快地工作的环境。我们不卑不亢、相互尊重。

> *Our Customers*

把真心交给顾客，为顾客带去感动。我们不仅提供最完美的咖啡，更重视人与人之间的联系。

> *Our Stores*

为顾客提供一个能够放松身心的空间，让他们在这里找到归属感，享受一段愉快的时光。

> *Our Neighborhood*

所有店铺通过每日的奉献，让我们的伙伴、顾客以及社区相互理解，成为一个整体。

> *Our Shareholders*

实现以上所有事项，共享成功的喜悦。

4-4 成功案例④
产生意料之外的热卖商品

由于得到地铁公司的协助，NICE HARVEST公司争取到了在车站开设店铺、大规模销售面包的机会。

该车站是整条线路的终点站，规模非常大，每天的客流量超过10万人次。特别是早晨上班的高峰期，很多人会因为换乘或者下车而路过大厅。

NICE HARVEST公司的店铺开设在只在早晨快速通勤车才会停车的特别车站里。所以，事实上只能在早晨上班的时间段销售面包。

因为地铁公司也希望NICE HARVEST公司针对在上班上学路上经过该车站的乘客开发出划时代的人气早餐，所以如果NICE HARVEST公司需要，他们愿意提供车站内多个店铺的营业额数据。

如果想通过分析数据研制出全新的人气早餐，麦夫他们应该如何展开行动呢？

解决问题的思考方式

开发新产品的途径有很多，本案例中，因为地铁公司愿意提供以往的营业额数据，所以我们应该对此加以利用，找出解决方法。

特别是在销售时间受到限制的情况下，更应该分析车站内的各商铺在早晨可以卖出什么商品。

我们需要在一开始先把产品开发的方向定下来。为此，我们要假设一个基本方案，然后用 **PAC 思考方式** 验证其前提和结论是否合理。

在此基础上，从假设出发进行 **头脑风暴**，自下而上地把所有能想到的方法列举出来。接下来用 **亲和图法** 归纳整理出这些想法中共同的要素，并确定新产品的概念。

最后，为了在新产品开发时不受到思维定式的影响，应当有意识地规避 **认知偏误**，进一步把想法具体化。

用亲和图法归纳整理各类要素。

用头脑风暴搜集大量想法。

利用 PAC 思考方式和认知偏误验证假设的合理性。

 利用 PAC 思考方式确认假说的合理性

芝麻彦："他们愿意让我们在车站大厅开设专卖店，真是太厉害了。这样一来，NICE HARVEST 公司的面包就要火了。"

小照前辈："这么说还为时尚早，只能在早上销售的限制对我们的影响还是很大的。首先应该思考一下，在既定的条件下我们究竟能做什么。"

第4章

案例分析实践篇

199

麦　　夫："我们现在已知的是，专卖店只能在早晨销售面包，以及面向的消费群体是上班上学的人。"

小照前辈："也就是说，如果用 **PAC思考方式** 分析应该在早晨销售的面包，应该是下面这样。"

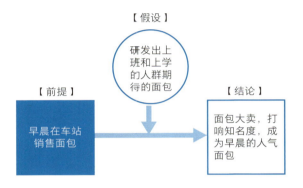

芝　麻　彦："小照前辈，这也太简单了吧。这样整理真的对吗？"

小照前辈："一开始还是简单一点好。要提前做好心理准备，如果前提和假设发生变化，我们就需要重新提出假设并进行验证。"

麦　　夫："这张图里最重要就是'开发出上班和上学的人群期待的面包'这一假设能否成立吧。"

芝　麻　彦："想要实现这一假设，需要找出上班和上学的人群期待的面包。调查车站内其他店铺都在卖什么商品，应该有助于我们找到灵感。"

麦　　夫："是呀。我去找地铁公司，请他们把过去一个月通勤时间内的营业情况告诉我们。"

—————————几天后—————————

麦　　夫："终于做好了。数据太庞大，整理起来花费了不少时间，不过我已经整理出各类商品的销售情况了。"

小照前辈："麦夫，就算和面包没什么联系也没关系，麻烦你把所有卖得好的食品都告诉我。"

麦　　夫："好的，因为种类有很多，所以我整理成了一张表。"

食品分类	销量好的商品种类（按照营业额排名）
主食	饭团 > 调理面包 > 三明治 > 点心面包
营养品	果冻状食品 > 固体状食品
饮料	咖啡 > 红茶·茶 > 水 > 果汁 > 酒
零食	口香糖 > 糖果 > 巧克力

利用头脑风暴锁定解决方法

麦　　夫："我已经把表整理出来了，接下来该怎么办？和面包有直接关系的有调理面包、三明治和点心面包。"

芝 麻 彦： "麦夫，你不能被这一种思维模式限制了。如果在面团和制作方法上多下点功夫，应该更有成效。而且，光做到这些还不够，不能把目光仅仅放在车站，我们把能想到的、早上会在家里吃的东西都列举出来吧。从麦夫开始。"

麦 　 夫： "什么？我吗？我想想……除了那张表上列举的食物，我早上还会吃……对了，我经常喝味噌汤。"

芝 麻 彦： "这样啊，味噌汤的确是早上必备的食物。我会吃煎鸡蛋，小照前辈你呢？"

小照前辈： "我喜欢吃玉米片，配上点干果，再把牛奶浇上去，这样既营养又好吃。"

芝 麻 彦： "原来如此，玉米片配干果啊。水果系列也是个好主意，我有时也会在上班前吃个香蕉或者苹果。"

麦 　 夫： "芝麻彦你的饮食习惯好像大猩猩，这么糙我可学不来。"

芝 麻 彦： "不用你管。不过这样一来，我们就列举了车站内销量好的商品，以及早晨想在家里或者公司吃到的食物。我们需要的信息大致已经收集好了吧？"

小照前辈： "没错。我们用这些数据继续进行分析吧。"

利用亲和图法确立产品概念

麦　　夫："从收集到的信息中把我们需要的要素提取出来之后，我发现这些食物主要有两种功效。"

芝 麻 彦："一是为了激活大脑，二是为了摄取能量。不过早餐一般都会有这两种功效中的一种。消除困意和激活大脑其实是一回事。"

小照前辈："这样整理后可以看出，在家里吃的早餐都属于摄取能量的范畴。"

麦　　夫："数据少可能会造成以偏概全的现象，不过可以说在上班路上吃的食物，大都是为了激活大脑。"

小照前辈："我们产品的概念也越来越明确了，就沿着这一方向定下产品方案吧。"

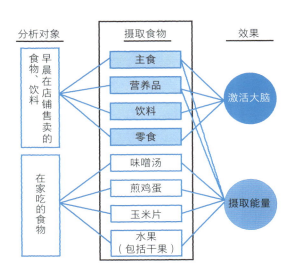

利用认知偏误打破思维定式

小照前辈： "我和公司专门搞科研的医生谈过后，发现了一些有趣的
 事情。"

麦　　夫： "什么事情？"

小照前辈： "在摄取食物的选项中，巧克力、咖啡、茶等都有激活大
脑的功效，因为巧克力里含有葡萄糖，咖啡和茶里含有咖
啡因。而且，口香糖和糖果里面含有很多能转化为葡萄糖
的糖类物质。并且，嚼口香糖这一行为本身就有激活大脑
的作用。"

麦　　夫： "这些食物和饮品能成为人气早餐果然是有理由的。"

芝　麻　彦： "这么说来，在一开始整理的数据里还有酒类这一项呢。
原来还有喜欢早上喝酒的人啊。"

小照前辈： "单从激活大脑这一点来看，酒精的效果确实很好。如果只
 从喜好的角度来看，香烟里含有的尼古丁也同样很有效果。
但是尼古丁对神经细胞有害，因此对做面包没有帮助。"

饮品	咖啡（咖啡因）	
	茶（咖啡因）	
	酒（酒精）	激活大脑
零食	巧克力（葡萄糖）	
	口香糖（糖分、咀嚼行为）	
	糖果（糖分）	

麦　　夫："但我从来没听说过添加酒精的面包。含糖面包、巧克力面包、咖啡面包虽然都已经有了，但是配合口香糖一起吃的面包还是史无前例的，添加茶的面包也没有听说过。继续朝这个方向探讨真的没问题吗？"

芝 麻 彦："麦夫你说的我能理解，但是划时代的产品不就意味着要打破前例吗？"

小照前辈："没错，因为市面上没有，才有制作的价值。我们的这些分析都是基于以往业绩以及科学数据得出的，所以没必要觉得不安。麦夫是受到了 **认知偏误** 中晕轮效应的影响，才会有负面的感觉。"

麦　　夫："对不起，忍不住就想和过去做对比，这么做就没办法创新了。"

小照前辈："就像现在这样，这次开发面包的概念虽然是激活大脑，但是结合前面的所有情况，作为激发大脑活性的功能性商品，我想把这次的新产品定义为特定保健食品。"

芝 麻 彦："哇，听起来好厉害。那我们把已经知道的信息全部收纳进来，开发划时代的早餐面包吧！"

| 咖啡（咖啡因） |
| 茶（咖啡因） |
| 酒（酒精） |
| 巧克力（葡萄糖） |
| 口香糖（糖分、咀嚼行为） |
| 糖果（糖分） |

巧克力和咖啡风味的面包含有葡萄糖和咖啡因

在面包馅里加入适当酒精成分

把面包馅做成口香糖那样有弹力的口感，让面包变得更有嚼劲

特定保健食品

实例介绍：AWAKE!（全家便利店与格力高）

本案例借鉴了引领晨间巧克力热潮的"AWAKE!"的故事。

该商品是专门在早晨食用的巧克力，由全家便利店和格力高共同开发。在当时，虽然晨间咖啡作为在早晨售卖的商品早已深入人心，但是生产早晨专属的巧克力这一想法并未成型。他们的产品就是为了引发这一新潮流，提高销售业绩。

便利店总部会利用商品销售记录终端即 POS 系统统计各便利店的销售情况，然后对收集到的数据进行分析，把畅销商品按照销售时段进行划分，抓住各突破口编写报告，并在制定商品进货计划和新商品开发企划的阶段把报告内容反馈进去。

全家通过报告注意到，早晨的时段不仅客流量较多，茶饮、罐装咖啡、香烟这些商品也卖得格外好。

通过这些现象，他们设定了可以开发其他晨间系列新产品的假说。接下来，他们开始用**PAC思考方式**收集验证数据。

因为各类商品的数据非常庞大，如果贸然展开调查，很难得到新的发现，所以首先需要使用某种方法锁定调查对象。他们应该是用头脑风暴列举了一些顾客喜爱的产品，从中选出巧克力一项并展开调查。

在进一步对数据进行详细分析后，他们发现刚好能放入口袋的商品在早晨卖得特别好。这种精细的分析方式十分奏效，他们在分析了晨间热卖的巧克力商品，利用**亲和图法**对得到的各种观点进行要素选取后，发现卖得较好的巧克力包装也非常简洁小巧。

虽然巧克力会给人一种零食的感觉，但从调查结果来看，办公室附近店铺的巧克力销量也很可观。也就是说，巧克力能帮助上班族在紧张的工作氛围中放松心情。

于是，全家找到了某知名零食制造商，希望和他们共同开发晨间巧克力。但是这位从业者以"从没听说为了让人们在早晨上班路上购买而设计的巧克力"为由拒绝了他们的提案。由于受到了 **认知偏误** 的影响，得出这样的结论也没办法。

最后，格力高对全家的提案非常感兴趣，并参与了共同开发。越咀嚼，越能品尝到巧克力甜与苦的奇妙融合，该产品在开售之初就引起了很大的反响。

上班族经常会在上班路上带一块便于携带的晨间巧克力，如今这已是稀松平常的事情。正因为全家没有受到以往习惯的禁锢，而是用数据进行分析，才得以引领全新的潮流。

【产品特征】

加入整粒咖啡豆，让人能够快速清醒，找回工作状态

- ·小巧时尚的包装
- ·适合想在会议前调整心态或者想要休息一会儿的上班族食用

4-5 成功案例⑤
开拓更长远的市场

NICE HARVEST公司通过在直营店售卖面包，以及给合作店铺发货的方式把面包呈送至顾客面前，也可以说一般顾客都是通过这两种方式吃到面包的。

但是换个角度，从会在家里做薄煎饼、购买自发粉的普通消费者越来越多这一点，我们可以发现很多人想在家里做面包和蛋糕。

面包机市场在2000年以后开始进入快速发展期，每年的增长率高达50%，在这种情况下，NICE HARVEST公司当然不能错过如此有前景的市场。

市面上已经有了面向家庭的面包机专用面粉。经营层认为，想要继续扩大该领域的市场，就需要和电器厂家合作，着手开发能够使面包机和面包机专用面粉一体化的新事业。

请在保证投产速度的前提下，考虑如何开发该事业。

解决问题的思考方式

前面介绍的例子都是新商品的开发，这次我们必须想出能够赶超其他公司的好点子。

虽然没有充足的时间做调查和产品研发，但如果拿着没有新意、换汤不换药的点子加入面包机市场，也不会获得多大的收益。于是，

NICE HARVEST公司考虑把面包机与面包机专用面粉配套销售，作为公司的新事业进行推进。

面包机市场还处于成长期，想必今后会有更加多样化的发展。其他公司已经开发出了只需一个按键就能烤面包、做意大利面的产品。在产品种类越来越多的情况下，就需要挥动 **奥卡姆剃刀**，从原点出发，回归最简单的产品，突出产品之间的差异性。

其次，由于NICE HARVEST公司没有掌握面包机的制造技术，所以必须和现有厂家通力合作。至于选择哪个厂家，可以通过 **利弊分析法** 来锁定。

 利用奥卡姆剃刀确定新事业的概念

芝 麻 彦："面包机市场发展得真快啊，每年居然有50%的增长率，我以前完全不知道。"

小照前辈： "现在的面包机就跟电饭煲煮饭一样，只需把面包机专用面粉放进去按下按钮，第二天早上面包就做好了。"

麦　夫： "喜欢用面包机的人越来越多，早上想吃面包的人也比想吃米饭的人多。"

小照前辈： "现在市面上的面包机都有什么功能，谁有这方面的数据吗？"

麦　夫： "这个我调查过了，大部分商品都有如下的功能。"

芝麻彦： "好厉害，可以做这么多种食物。没想到市面上已经有如此多功能的面包机了，这样的话，我们很难赶超了吧？"

分类	市面上的面包机能做什么	
小麦面包	干酵母	切片面包 丹麦面包 法式面包 蜜瓜包等
	天然酵母	天然酵母面包
	蒸汽	蒸蛋糕 白面包 带馅面包
餐包	米粉 米饭	米粉面包 餐包
糯米	糯米	
	蛋糕	
面条	意大利面	
	乌冬面	

小照前辈： "也不是这样，芝麻彦。现在的产品虽然能做简单的切片面包以及以切片面包为基础进行加工的面包，但还不能制作蛋糕卷、牛角面包这类大量使用牛奶和鸡蛋的面包，而这两种面包都是早餐中的人气面包，你不觉得这里还有机可乘吗？"

麦　夫： "但是，既可以做切片面包，又能做蒸蛋糕，甚至还可以全自动地制作牛角面包，开发这样的面包机，费用肯定不少，产品体积也会变得更大。"

小照前辈： "没错，如果要安装全部功能，就会变成麦夫说的那样。但是，到底有多少人愿意买什么都能做，但是价格昂贵的大型面包机呢？我们应该集中研发目标群体最喜欢使用的几个功能。"

麦　夫： "也就是只做蛋糕卷和牛角面包的面包机吧。"

芝麻彦： "我认为这的确是一个划时代的、具有可行性的方案。这两种面包都需要把面反复地揉搓成圆、不断折叠，如果能实现一键自动，喜欢黄油类面包的人一定会想买的。"

小照前辈： "这就是 **奥卡姆剃刀**。不把现状当成理所应当的情况，而是站在使用者的角度考虑最简单的方法。我们就针对期望在家轻松享受做蛋糕卷和牛角面包的乐趣的人开发新商品吧。"

麦　夫： "我知道了。我去找愿意合作的厂家。"

利用利弊分析法锁定合作厂家

麦　夫："我咨询了面包机市场上的几个主要厂家，其中有两家公司认同家庭全自动牛角面包机的概念。"

小照前辈："是分别有各自特点的厂家吗？"

麦　夫："面包SONIC和面包印社对我们的提案很感兴趣。面包SONIC是占有一半面包机市场的行业领军企业，在产品的功能方面是其他公司无法匹敌的。他们也想借此机会扩大产品阵容，作为他们的系列产品之一，和我们共同开发牛角面包的专用面包机。"

芝麻彦："如果和面包SONIC联手，就能把我们公司的名字一下打入面包机市场了。"

小照前辈："另一家面包印社的情况呢？"

麦　夫："面包印社虽然是一家老字号的家电制造厂，但在面包机市场的占有率并不高。不过，他们有特色面包菜单，更是扬言想通过这次牛角面包专月面包机的开发制霸黄油面包市场。"

芝麻彦："小照前辈，两家公司都很有吸引力，应该怎么选择呢？"

小照前辈："这时候就要使用 利弊分析法 ，做一张表格比较一下。重要的是，对我们来说哪个厂家更能给我们带来收益、帮助我们打响品牌知名度。我现在就去做表格，下次会谈时我们再确认结果吧。"

麦　夫："我知道了（肯定会和在市场占有率方面有压倒性优势的面包SONIC联手吧，跟知名企业合作也是一次难得的机会）。"

小照前辈： "两位久等了。比较后的结果是选择和面包印社合作。"

麦 夫： "为什么呀？面包SONIC的市场占有率是面包印社的好几

倍，如果选择面包SONIC，购买牛角面包专用面包机的顾

客应该更多。无论在收益还是提高知名度方面，和面包

SONIC合作都是更佳的选择吧。"

小照前辈： "这次我们要开发的专用面包机是迄今为止没有出现过的产品，

想要用的人自然会买，和制造该商品厂家的市场占有率没有直

接的关系。只是可以预想到，在初期就选择购买的人应该并不

多。所以，收益率并不是最重要的，这次更应该重视如何打响

品牌的知名度。而且，想要向购买面包机的顾客突出我们NICE

HARVEST公司的存在感，需要合作厂家在各方面与我们合作，

市场占有率低的厂家能够给予我们更多的协助。"

芝麻彦： "原来如此，从这些方面考虑，应该选择面包印社。"

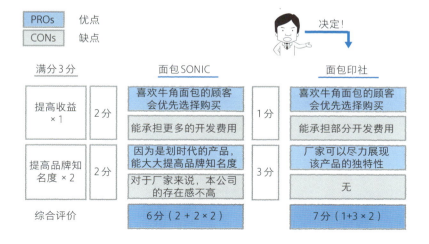

实例介绍：伊士曼柯达公司

本案例参考的是让拍照成为简单的个人行为的美国伊士曼柯达公司的故事。

19世纪70年代后期，虽然个人已经可以拍照，但是从摄影到显影，需要照相机、胶棉湿版、显影药品以及相应的设备。

因为这样一套设备太过笨重，出于更轻松地拍照这一考虑，伊士曼柯达公司的创始人伊士曼想出了干板式照相机，并成立了伊士曼干板制造公司。

但是由于干板式照相机的玻璃板很大、容易损坏，伊士曼又开发了轴状的纸质胶片，并推出了柯达照相机。

使用柯达照相机，花25美元可以拍摄100张照片。当时的商业模式是，购买了柯达照相机的顾客在拍摄结束以后，连同照相机一起寄给伊士曼的公司，之后就会收到显影后的照片以及填充了新胶卷的照相机。

伊士曼干板制造公司利用 **奥卡姆剃刀** 简化了照相过程中所需的道具及显影流程，在消费者中赢得了人气，发展为业界巨头。

摄影必需的东西	以前	伊士曼柯达公司
	照相机	
	胶棉湿版	一体式照相机
	显影药品	
	各种设备	

后来，公司将纸质胶片替换为赛璐珞胶卷，不断缔造着成功。

1902年，公司正式更名为伊士曼柯达公司，并压倒性地占据了90%的赛璐珞胶卷市场。即便如此，他们也没有骄傲自满，而是虎视眈眈地盯着下一个商机。

20世纪初期，当伊士曼柯达公司听说德国一个厂家发明了彩色胶卷时，就确信彩色照片的时代终将到来，所以在公司研究所投入了大量的资金，准备开发具有实用性的彩色照片。

因为当时彩色胶卷的品质完全比不上单色胶卷，所以很多人认为只要继续做单色胶卷就可以了。但是伊士曼在权衡了未来市场的大小以及实现目标需要投入的资金后，在黑白相片市场与彩色相片市场中选择了后者。

正是由于这个英明的决断，到20世纪80年代末，伊士曼柯达公司成为行业领军企业并称霸了整个胶卷市场。

PROs	优点		黑白相片市场		彩色相片市场
CONs	缺点				
未来市场的规模	△		市场已经成型，现为一家公司所垄断	◎	有可能会吸收黑白相片的全部市场
			市场已无法剧烈扩大		在照片品质提升到能够吸收黑白相片市场之前不会产生多少销售额
必要的投资	○		技术已经成熟，无须进行大规模投资	△	无
			无		想要完成技术革新，达到单色相片的品质，需要进行大量的投资

215

NICE HARVEST公司虽然选择和面包印社共同开发牛角面包专用面包机，但在研发过程中，发现在技术层面上还难以实现这一功能，而且想要实现全自动化，需要花费高昂的成本。于是NICE HARVEST公司修改了行动方案，把目标转向制作更为简单的蛋糕卷。

这款产品受到了很多喜欢黄油类面包的顾客的支持，并成为当年面包机市场上的热门商品。NICE HARVEST公司在成为黄油类面包机市场的领军企业后，准备乘着这个势头继续集中精力研究蛋糕卷面包机。

另一方面，竞争对手面包SONIC已经成功研发出全自动牛角面包机，但是这种面包机制作出来的牛角面包的品质不尽人意，想要达到投入使用的水平，还需要跨越屏障。

面对面包SONIC，我们应该持有怎样的战略呢？

解决问题的思考方式

麦夫他们曾经的目标是开发牛角面包专用面包机，但开发这款产品的技术难度非常高，就连在面包机市场的综合排名一直靠前的面包SONIC也很难研发出具有实用性的产品。

此时，NICE HARVEST公司有两个选择。一是和面包SONIC一样，全力研发牛角面包专用面包机；二是在牛角面包专用面包机的技术成熟前，采取观望的态度，并在这段时间不断完善蛋糕卷专用面包机的功能，巩固自己对黄油类面包市场的支配能力。

如果面包SONIC还需要一段时间才能完成技术革新，那么用蛋糕卷专用面包机与竞争对手一决胜负，无疑会给NICE HARVEST公司带来更多的利益。请在不受到 **认知偏误** 影响的情况下做出判断。

如果选择完善蛋糕卷专用面包机的功能，那么可以使用 **缺点、期望列举法** ，让消费者感受到产品的更多优点。

还是换其他人提意见吧。

如果使用缺点、期望列举法，就能很快找到需要改善的地方了。

判断时不要受到认知偏误的影响哦。

 利用认知偏误检验自己是否犯了想当然的错误

芝 麻 彦：“一键型全自动牛角面包机的研发果然相当困难。需要将面和到那么细，看来未来几年还是得手工和面。”

麦　夫："我和芝麻彦的意见相同。面包SONIC把牛角面包专用面包机制作的试吃品拿给普通消费者，希望从他们那里听取一些想法，但是不满的声音不断，看来很难实现商品化。我们暂时还是不要出手的好。"

小照前辈："你们俩之前都对研发牛角面包专用面包机很上心，现在是怎么了？"

芝麻彦："这是自然的了。现在整个面包机行业都在关注面包SONIC遇到的苦战，大家都说研发牛角面包机还为时过早，我们也没必要做这种火中取栗的事情。"

麦　夫："我们在研发牛角面包专用面包机上的确已经进行了大量的投资，就算害怕之前的投资打水漂而选择继续投资，短期内也很难有所突破。所以我们应该学会考虑机会成本，避免陷入**沉没成本效应**（参考本书165页）。"

小照前辈："这样啊。其实我们公司的经营层也是这个想法。虽然我认为现在蛋糕卷专用面包机的大卖让我们有了投资牛角面包机技术的资金，但既然大家都认为应该观望，我就相信大家的判断吧。"

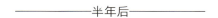

—————————半年后—————————

麦　夫："小照前辈，不好了！新闻里说面包SONIC的牛角面包专用面包机改良成功了。"

芝 麻 彦： "真的假的！从我们决定继续完善蛋糕卷专用面包机起才过
去半年呀。不是说未来几年都很难有技术上的突破吗？"

小照前辈："面包SONIC好像和国外的大型面包制造商进行了技术合作。
他们两家公司应该是在技术上互补，从而完成了技术革新。"

麦 　 夫："不过现在还没必要慌张，我们基本上占有了整个黄油类
面包的面包机市场。为了不让现有的顾客流失，我们可以
对蛋糕卷专用面包机的功能进行强化，这样应该能与面包
SONIC抗衡。"

小照前辈："的确如此，我们还没有输，那就考虑一下如何扭转现状
吧。说起来，当时做决定的时候是因为害怕 **沉没成本效**
应，现在想来，是被大部分的意见左右，受到了 **从众效**
应（参考本书165页）的影响。"

 ## 利用缺点、期望列举法整理功能改善方案

芝 麻 彦： "我们制造的蛋糕卷专用面包机将NICE HARVEST公司特制
的面粉和面包印社的机器相结合，制作出的面包吃起来香
甜柔软。如果能对功能进一步优化，就能巩固我们在黄油
类面包机领域的地位。小照前辈，麦夫，我们整理一下面
包机现有功能的缺点和可以改善的地方吧。"

小照前辈："我觉得应该改善一下只能做蛋糕卷这一点。喜欢吃黄油
类面包的人里也有很多喜欢吃切片面包的。我们可以增加
制作面包的种类，你们觉得怎么样？"

麦　　夫："我觉得要是能把蛋糕卷做成牛角面包风味的就好了。让喜欢牛角面包的顾客选择我们的面包机套装，应该只有这个方法了。"

芝麻彦："哦哦！这个主意不错！最重要的是要像牛角面包。如果只是把表皮做得松脆一点，稍微修改一下设计就好了，产品更新也不需要花太长时间。"

麦　　夫："这样一来，我们公司的面粉也可以继续销售了。太好了，太好了。"

小照前辈："这有点换汤不换药的感觉，朝这个方向前进真的没问题吗？"

芝麻彦："没问题的，小照前辈。如果我是消费者，比起只能做牛角面包的面包机，我更想要能把蛋糕卷做成牛角面包风味的面包机。总之，我们先试试吧！"

————————几个月后————————

芝麻彦："小照前辈，对不起……能做牛角面包风味的蛋糕卷面包机完全卖不出去。"

小照前辈："果真如此啊。知道是什么原因了吗？"

芝麻彦："原因很简单，想吃牛角面包的人，会直接购买能轻松做出牛角面包的面包机。"

麦　　夫："我当时还觉得你的主意很棒呢。"

小照前辈："是 **认知偏误** 导致的。人会不自主地偏向自己或身边人的意见。"

芝麻彦："虽然用 **缺点、期望列举法** 整理出了几个想法，但是在选择的时候，也要注意自己是否受到了 **认知偏误** 的影响。受教了。"

面包的种类

【需要改良的地方】能做的面包种类太少→应当增加能做的面包种类

【期望】为了满足喜欢牛角面包的顾客，把蛋糕卷的表皮做成牛角面包风味

蛋糕卷专用面包机的改良

听从了芝麻彦想当然的意见，没有进行客观的验证。

采纳

→失败

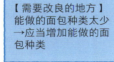

实例介绍：伊士曼柯达公司

本案例参考了由于经营判断的失败，于2012年1月根据破产法宣布破产的美国伊士曼柯达公司的故事。

伊士曼柯达公司没能赶上电子化的潮流，从20世纪90年代开始收益锐减，最终导致经营失败。而竞争对手富士胶片把目标转向数码领域，2000年初，他们公司的胶片销量还占销售总额的20%，到2011年已经将其压缩至1%，实现了销售额1.5倍的增长。

1981年，索尼公司发售了最初的商用数码相机Mavica，从此用数字媒介记录照片成为可能。但是，当时的数字技术还不够成熟，其品

质不能取代之前的胶片。

其实，数码相机是伊士曼柯达公司发明的，但是考虑到这项技术不能促进公司的主要收益源——胶片事业的发展，就没有在这项技术方面花费过多精力，而是定下了1990年之前不参与数码相机市场的方针。

但是，计算机技术仅用一年半的时间就完成了两倍的性能增长，随之数码相机也发生了急剧的进化。20世纪90年代中期，与电脑相配合、操作简单的数码相机席卷了整个市场。

在这次技术革新之前，伊士曼柯达公司当时的领导人认为，"数码技术想要超越胶片技术，至少还需要20年"。由于对自己公司的胶片技术过于自信，导致没能正确面对并接受世界潮流，产生了偏向自家公司的想法（ **认知偏误** ）。

伊士曼柯达公司虽然没有直接否定数字技术，但始终将它定位为对胶片技术的补充。从他们公司的产品阵容就可以看出他们的想法有失偏颇。

比如，伊士曼柯达公司在2001年推出了预览式胶片相机（Advantix Preview Camera），这是一款融合了数字技术与胶片技术的相机。用户可以当场在液晶屏上确认用胶片拍摄的照片，并可以指定加印几张照片。但液晶屏只能保留最后一张照片的画面，所有的照片都保存在胶片上。因此，这种相机明明带有液晶屏，却需要消耗和普通胶片相机同等数量的胶片，从这点看，该产品确实令人遗憾。

虽然伊士曼柯达公司试图用数字技术弥补胶片相机的不足，但因为过于希望胶片事业延续下去，忽略了顾客的想法。这是一个虽然用 **缺点、期望列举法** 打破了现状，却完全弄错了大方向的典型事例。

由于伊士曼柯达公司小看了数字技术赶超胶片技术与印刷品质的

速度，导致错误判断了缩小印刷事业的时机。他们想当然地认为自己公司就应该做胶卷，并遵守选择与集中的原则，放弃了胶卷以外的事业，因而没能真正地参与数字事业，最终只能成为历史。

虽然在100年前，伊士曼柯达公司成功实现了从单色相片发展到彩色相片的技术革新，讽刺的是，正因为这次成功的经验，让他们产生了对胶卷事业的坚持，从而错过了从模拟信号到数字信号的变革。

第4章

案例分析实践篇

　　积极参加地方社区活动的 NICE HARVEST 公司准备在接下来的三连休参加在河川敷举办的活动。

　　NICE HARVEST 公司准备带着业务用烤箱在活动上摆摊，把刚烤好的面包提供给活动参与者，但这次活动是第一次举办，所以无法预测会有多少人参加。

　　于是，麦夫他们参考了以往参加活动时的数据，准备了相应的设备、食材和人手。

　　但是在活动的第一天，由于人气主持到现场采访，使参加人数大大超过预期，光顾麦夫他们摊位的人数也比预计多了好几倍。

　　据说人气主持的采访会一直持续到活动结束。第一天中午想要在摊位上买到东西，甚至需要等待一个小时。这时，麦夫他们准备的材料已经用去了一半。

　　我们应该采取什么对策，才能顺利度过剩下的两天呢？

解决问题的思考方式

　　现场出乎意料的混乱，麦夫他们准备的食材和人手明显不够。即使是这种情况，具体需要改善的地方仍然不明确。

　　最先做的应该是掌握食材、人手、设备的缺乏状况，确认准备它们需要的时间。流程准备可以用 **IPO** （Input Process Output）进行，只要知道了每一程序需要花费的时间（准备周期），就能够按顺序进行妥当的处理。

在此基础上，还需要考虑各要素需要补充多少。准备周期长的应优先准备，尽可能用最短的时间补足缺乏的所有东西。

但是，如果准备得太多，又会造成浪费。所以最好站在 **TOC**（限制理论）的角度，配合要处理的瓶颈数量，准备最小限度的必要物品。

 利用IPO确认作业流程

芝 麻 彦：“不好了，麦夫！一大堆人蜂拥而至！”

麦　　夫："什么！还有？！这才刚到中午，今天的食材就只剩一半了。而且烤面包的速度已经快到极限了。"

小照前辈："现在必须马上确定对策。你们知道缺什么东西、缺多少了吗？"

麦　　夫："如果三天一直持续现在的状态，销量应该会比预计增加两倍。所以，我们需要成倍地增加食材。"

芝麻彦："光这样可不行。如果准备这么多食材，那么和面的人、制作面包的机器都需要成倍增加，不然没办法做出更多的面包。"

麦　　夫："芝麻彦，你说得对。那么，小照前辈，我想确认一下增加面包食材、和面人员以及烤箱的准备工作中，最花时间的是哪一个？"

小照前辈："我觉得应该是烤箱。公司仓库里有可移动的烤箱，用卡车应该就能搬过来。不过借用手续比较复杂，需要花费一定的时间。而且，还需要向活动运营委员会提出机器准入申请。因为准入申请到晚上就不能提交了，所以可以一边搬运一边提交申请。如果现在就提出申请，明天早上准备好机器，中午应该就能使用了。"

麦　　夫："谢谢前辈的指点。那食材和人手呢？"

芝 麻 彦： "这些问题不大。就是怕遇到现在这种情况，所以已经提前准备了食材，储存在面包工场里。如果用不完，还可以用在合作店铺的面包制作上。不过面团容易被碰坏，还是在确定需要使用以后再送过来比较好。人员方面，因为是三连休，所以已经安排了几个人在家里待命，如果有需要，只要在前一天晚上打电话，第二天他们就能来帮忙。"

小照前辈： "不愧是芝麻彦，你特别擅长这种准备工作。"

芝 麻 彦： "嘿嘿，放心交给我吧，其实这些准备都是拜托其他人完成的。"

麦　　夫： "芝麻彦，没时间得意了。小照前辈，我们三个赶紧分工一下，确保不够的食材、设备和人员能够及时得到补充吧。"

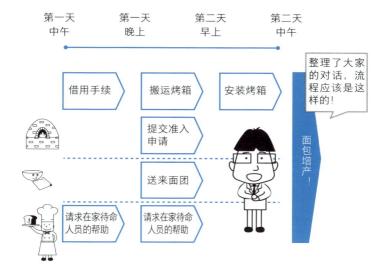

利用TOC配合瓶颈工序制定计划

小照前辈： "哎呀对了，虽然已经确认需要准备的食材是最初预估量的一倍，但是烤箱数量和人员人数都还没确定吧，接下来准备怎么办？"

芝麻彦： "不好意思，我忘记告诉你们在家待命人员的人数了。一共有8人，我准备给所有人都打声招呼，这样可以吗？人越多，作业的负担越小。"

小照前辈： "芝麻彦，人太多的话，作业空间不够。我觉得最多只能加三个人。虽然现在在这里看起来挺空的，但是有一部分空间还要放之后搬过来的烤箱。"

芝麻彦： "但是三个人够吗？光是现在和面的就有6个人，如果材料翻倍，那么至少也要增加6个人。"

麦　夫： "芝麻彦说得没错。如果是这样，和面就会变成瓶颈工序。增加三人以后就是9个人，那么一个人的工作量必须增加50%，否则没办法做出全部的面包。"

小照前辈： "你说得没错。但是现在每个人都已经在拼命做面包，要让他们再加量50%，恐怕是不可能了。总之，只能请每个人尽全力应对了。"

芝麻彦： "糟了……也就是说3名待命人员中将有5人无事可做。我不应该联系他们所有人的。"

麦　夫： "我做得也不够，要是能再多考虑一下，提前进行场地谈判就好了。"

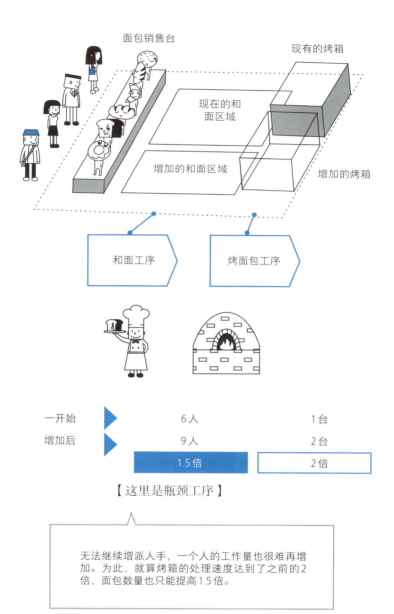

面包销售台

现有的烤箱

现在的和面区域

增加的和面区域

增加的烤箱

和面工序

烤面包工序

一开始	▶	6人	1台
增加后	▶	9人	2台
		1.5倍	2倍

【这里是瓶颈工序】

无法继续增派人手，一个人的工作量也很难再增加。为此，就算烤箱的处理速度达到了之前的2倍，面包数量也只能提高1.5倍。

实例介绍：捐款（东日本大地震）

本案例参考东日本大地震时期，对来自世界各地的捐款进行管理时的故事。

2011年3月11日发生的东日本大地震给日本的东北地区带去了极大的灾难。这一悲痛的消息传遍世界各地，超过3,000亿日元的捐款从各地汇集到日本。但由于管理组织不完善，导致这些钱没能及时送到受灾群众手中。

为了高效地使用捐款，日本改府委托日本红十字会进行统一管理。红十字会对来自日本国内和世界各地的捐款进行了分配。但这次大地震是这些年来少有的重大灾害，与相关机构之间的协调不断拖延，就连捐款分配委员会也是在地震发生一个月后的4月8日才成立。

日本红十字会虽然在4月中旬开始对受灾的各都道府县分配捐款，但是由于需要分配的金额比预计大得多，造成1,700亿日元的捐款处于未被分配的状态。

直到两个月后，才分配完9成的捐款。

虽然有很多想要直接向地方自治体捐款的爱心人士，但由于所有的捐款必须遵守一元管理规则，自治体不能直接把钱分发给受灾地区，而必须先把收到的捐款转给日本红十字会，再由他们决定如何分配。

主要原因是，日本红十字会追求的不仅仅是捐款分配的速度，还需要考虑公平性，所以必须严格按照 IPO（Input Process Output）的流程管理捐款。

地方自治体收到分配下来的捐款后，采取的应对方法又各不相同。对比宫城县内的自治体后发现，在受到灾害影响最大的气仙沼市，有60%的捐款对象收到了捐款，而在同一时期的仙台市，收到捐款的人员比例只有3%。

　　气仙沼市政府之所以能够迅速应对，是因为他们使用了工作人员开发的受灾证明发行系统。而仙台市政府中能进行捐款发放工作的人员只有8人，而且他们使用的系统里有很多多余的步骤，一天下来最多只能处理30件。虽然仙台市被分配到的捐款比例很高，但是截至当年7月，受灾民众只拿到了捐款总额的15%。

　　地方自治体内部捐款发放程序滞后，原因是需要对照受灾证明发放捐款，整个过程的效率也因自治体的不同而有所差异。这一过程就是整个流程的瓶颈工序，所以等捐款送到受灾民众手上时，已经延迟了不少时日。

　　如果仙台市也能使用气仙沼市的受灾证明发行系统，那么更多的受灾民众就可以早日收到捐款了。

　　NICE HARVEST公司的经营层里有很多积极主动的决策人，在开设了南方国家的海外1号店后，又有了海外2号店的开店计划。这次选择的是中国内陆的某个大城市。由于沿海城市已经有了很多竞争对手开设的店铺，所以这次硬是选择了中国中部的城市来提高市场占有率，可以说这次的经营计划很有冒险精神。

　　因为当地还没有面包店，所以很难对当地的物价以及顾客的经济条件进行判断。于是NICE HARVEST公司委托调查公司，在店面附近免费发放面包，通过问卷调查了解顾客愿意在日常生活中花多少钱购买面包。

　　问卷调查结果显示，作为当地首个面包店，大部分人是欢迎的，除此之外，在价位方面也收集到一些信息。可以说2号店是在准备周全的情况下开业了，但是不知为什么面包却卖不出去。店铺直接面朝城市的主干道，人流量也很可观，并且可以说2号店是符合当地需求及经济状况的。

　　2号店的经营为什么会如此不顺利呢？

解决问题的思考方式

店铺经营状况不佳的原因是什么？是经营层的规划有勇无谋，当地人对面包文化不适应，还是店铺的位置不合适？总之有很多可能，但其中最值得怀疑的是问卷调查的结果。

开店前的调查结果显示一片好评，但从开店起销量就不乐观这一点来看，调查结果并不准确。

想要搞清楚这个问题，需要知道接受问卷调查的属于哪类人群。要分析调查对象，比起用文字描述，用图表示可以从视觉上进行了解，也更容易受到启发。这时应该用 MECE 和 维恩图 对结果进行网罗式的整理。

用 维恩图 整理调查对象，对其进行系统的分析，也许会有新发现。用 直方图 俯瞰所有回答者的属性，与海外 2 号店的折扣活动进行对比，也许能发现意想不到的差异。

使用 MECE 和维恩图，也许能找出问卷调查结果的可疑点。

这次似乎没有灵光一闪出场的机会。

使用直方图，通过数据捕捉对象的整体倾向。

利用MECE和维恩图了解问卷调查结果的倾向

芝 麻 彦： "在中国开设的海外2号店的销售情况好像不太好。从问卷调查的结果看，明明是很受好评的。"

小照前辈： "既然问卷调查的结果与实际情况有明显的差距，那只能对调查对象进行细致的调查了。我想分类整理一下问卷调查的结果，应该怎么整理呢？"

麦　　夫： "问卷调查的内容有5项：①性别；②年龄；③居住区域；④喜欢的面包类型；⑤对该面包的期望价格。我们按照顺序分别整理吧。"

小照前辈： "①性别和②年龄可以用 MECE 整理成表格。我们先整理这两项吧。"

麦　　夫： "整理后的结果如下表所示。"

芝 麻 彦： "麦夫，这个问卷调查的年龄分布很不均。一共有470人回答了问题，但是30岁以下以及60岁以上的就有375人，大约占总体人数的80%。这个问卷调查果然很奇怪啊。"

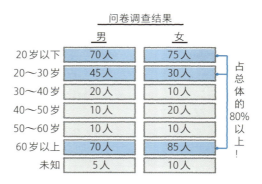

问卷调查结果

	男	女
20岁以下	70人	75人
20～30岁	45人	30人
30～40岁	20人	10人
40～50岁	10人	20人
50～60岁	10人	10人
60岁以上	70人	85人
未知	5人	10人

占总体的80%以上！

麦　　夫：“分布太不均匀了。接下来调查③居住区域，也许又能发现点什么。这一问的回答有‘同一地区’、‘附近地区’以及‘其他地区’。选择了‘其他地区’的人，还会在旁边写出自己来自哪里。”

芝　麻　彦：“结果怎么样？”

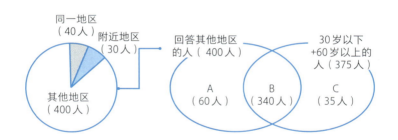

③居住区域　　　　　　　　与问卷调查回答者年龄之间的关系

芝　麻　彦：“那选择了其他地区的人岂不是占去了一大半？而且有将近9成人的年龄在30岁以下或60岁以上。怎么看这个问卷调查的结果都很奇怪。”

小照前辈：“芝麻彦，我调查了在问卷的“其他地区”的旁边写下的内容后，发现大部分人来自中国的某个沿海城市。看来发问卷调查的时候，附近刚好有旅行团经过。如果是这样，那再怎么问喜欢的面包或期待的价位，也是没有意义的。”

麦　　夫：“那就需要以当地居民为对象，再进行一次问卷调查。我这就去准备。”

235

利用直方图检查统计结果的分布情况

麦　　夫：	"小照前辈，我们委托了调查公司，以海外2号店附近的
	居民为对象又进行了一次问卷调查。"

小照前辈：	"结果怎么样？"

麦　　夫：	"一共有500人进行了回答。由于问卷调查回答者的分布
	较为均匀，④喜欢的面包类型和⑤对该面包的期望价格
	的调查结果应该是可信的。"

小照前辈：	"那我们整理一下对面包的期望价格吧。我们可以参考调
	查结果决定店铺面包的价格。"

芝　麻　彦：	"一个蛋糕卷的期望价格换算成日元大概在50日元左右，
	牛角面包是60日元，巧克力螺旋面包是80日元。"

麦　　夫：	"其他类型面包的价格也根据期望价格的平均值设定吧。
	好嘞——这次的定价一定没问题了。"

—————————一个月后—————————

麦　　夫：	"好奇怪啊，虽然销量变好了一点，但顾客还是不怎么来
	买面包。我们这次的定价是在问卷调查的基础上制定的，
	这到底是怎么回事？"

小照前辈：	"……我们也许忽略了某个重要的事情。麦夫，一个月前
	的调查问卷还在你那吗？你能马上把对蛋糕卷的期望价格
	全部列出来吗？"

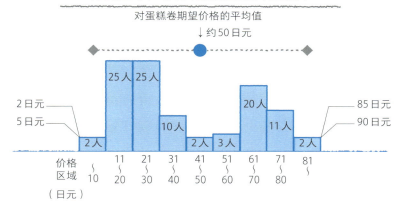

问卷调查结果：⑤该面包的期望价格（蛋糕卷）

对蛋糕卷期望价格的平均值
↓约50日元

麦　夫："我知道了。为了方便查看，我整理成了 **直方图** 。500人中有100人在喜欢的面包这一项中选择了蛋糕卷。回答10日元以下、81日元以上的人基本没有。"

芝麻彦："麦夫，海外2号店蛋糕卷的定价是50日元吧。但是看这个问卷调查，基本没有人选择这个价位。"

麦　夫："哎呀，是真的。为什么结果这么两极分化？一般不是都呈山峰状吗？"

小照前辈："看来这个地区的居民收入有两极分化的倾向。这样一来，50日元的面包对期望低价位的顾客来说有点高了，也不是追求高品质高价位的顾客期待的价格。然而我们没有注意到这一点，把价位设定在不存在的群体，这是我们的失误。"

麦　夫："也就是说，不能只关注回答结果的平均值，还要关注结果的分布情况，我完全忽视了这一点。我现在就去转告海外2号店，让他们把平价蛋糕卷和高级蛋糕卷这两种面包添加到菜单里。"

实例介绍: 1936年美国总统选举 [《文学文摘》(*The Literary Digest*)]

本案例参考了在美国经济大萧条之后的1936年，预测美国总统选举结果的故事。

在当时，通常会通过民意调查预测总统选举的结果。《文学文摘》杂志在总统选举的民意调查中，因为连续多次实现了精准的预测，获得了民众极大的信任。但后来由于一次预测失败导致名声扫地，甚至之后被其他公司收购。

美国总统选举关系到一个国家之后几年的命运，是非常重要的活动。总统不同，接下来发生的事情也会截然不同。谁能准确预测总统人选，谁提供的信息就会受到社会的认可与信赖。因此，在新闻社和杂志社中很流行对选举进行预测。

在这样的大背景下，《文学文摘》连续5年准确预测了总统人选，被认为是最值得信赖的媒体。但是，《文学文摘》的命运却在1936年总统选举时发生了翻天覆地的变化。

当年的总统候选人是再次参加竞选的富兰克林·罗斯福（民主党）与实力相当的艾尔弗·兰登（共和党）。大部分媒体认为，罗斯福过于保守，想要帮助美国在经济萧条中重获生机，能力明显不够，最有可能获胜的是兰登。

《文学文摘》收集了200多万份独家发行的调查问卷，结果显示兰登的得票率为57%，因此他们预测兰登当选。持反对意见的是只收集了3,000份调查问卷的新兴调查机构盖洛普公司。

相比业界最受信赖且有着庞大数据支撑的《文学文摘》，这个新兴调查机构的问卷数量只有它的1%，然而却给出了截然不同的答案。理所当然地，在当时并没有多少人把盖洛普公司的预测当回事。

但是，总统选举却以罗斯福的压倒性胜利告终。48个州中有46个州支持罗斯福，其得票率达到了60%。

很多人都对《文学文摘》在收集了如此多的问卷后还是预测错总统人选感到意外。但其实只要用直方图分析回答者的分布情况，就会发现这一结果并不是没有道理的。

《文学文摘》以自家杂志的读者、车主以及电话使用者为对象发放了1,000万份问卷调查，之后他们把回收到的200万份回答进行了简单的累加，得出了预测结果。需要注意的是，满足上述条件的对象都是富裕群体。之前在经济景气的时候，富裕群体和非富裕群体之间的意见没有多大差别，《文学文摘》的统计方法完全没有问题。但在经济大萧条之后，两个群体的意见开始分化，仍用这种方法对总统选举进行预测就不再准确了。

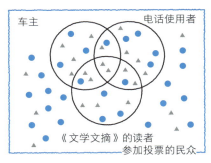

另一方面，盖洛普把调查对象按照收入水平、居住地区、性别等要素进行了组合和分类，并按照一定比例从每个小组选出一定人数（共计3,000人）作为分析对象。他们的预测方法，是通过分类使调查对象更加接近全体选民的比例构成。

　　半年前，亚洲各国的面包厂家聚集在一起成立了泛太平洋面包协会（简称：PP面包协会），成立这个协会的目的是统一亚洲面包厂家的标准，亚洲最大的国际性面包厂家宏软面包和其他几家公司是创会成员。只要能成为其中一员，就有资格限量制作在面包界颇负盛名的亚式面包。

　　前几天，PP面包协会向NICE HARVEST公司伸去了橄榄枝，因为NICE HARVEST公司之前销售的美容面包受到了高度评价。

　　尽快加入PP面包协会，就能取得亚式面包的优先制作权，而且PP面包协会的影响力越大，公司获得的收益就越大。但是，一旦选择退出协会，就需要支付一大笔罚金。如果表面上还属于协会，事实上是退会，也不被允许。从协会内部进口食材时，会被强制要求完成一定的销售份额（上一年年销售额的10%），所以公司内部也有一些意见表示，如果没有保证销售额持续增长的信心，还是放弃此次入会比较好。

　　本来应该在经过充分考虑后再做决定，但是PP面包协会表示："如果你们不接受邀请，我们会邀请你们的竞争对手入会。"得知此事后，着急的经营层当场就决定加入PP面包协会。

　　等到真正入会后，NICE HARVEST公司才得知令人震惊的事情。已经率先加入协会的公司可以制定有利于自己的规则，他们需要承担的进口食材的销售份额也更少。这样下去，加入协会所带来的负面影响很可能会大过积极影响。

　　我们能不能以更为有利的条件加入PP面包协会呢？

解决问题的思考方式

　　NICE HARVEST公司已经接受了对自己不利的条件，其实换个做法，或许能以更为有利的条件加入PP面包协会。

　　一开始，NICE HARVEST公司面临的选择就很困难。无论参加与否，都有无法令人忽视的不利因素。这种情况下，很容易让人产生"选择哪个更好"的想法。但正因如此，我们才应想到 二难推理 的框架，集中两个方法的优点，试着提出折中方案。

　　需要注意的是，就算想到折中方案，如果对方不接受也毫无意义。因此，还需要用 BATNA/ZOPA 法进行整理，掌握谈判的主导权。

　　谈判无法顺利进行的绝大多数原因，是没能充分掌握对方的信息。如果你知道谈判决裂时对方将采取的行动，那么你就可以提前做好准备，击破对方的对策，令其接受自己的主张。

用正面攻击的方法进行谈判也不行，所以就拜托小照前辈了！

还是先听听小照前辈的意见再思考吧。

想出第三方案摆脱进退两难的境地，再用 BATNA/ZOPA 击溃对手。

对比两种方案，摆脱进退两难的境地

小照前辈： "虽然是否参加PP面包协会是我们的自由，但无论怎样选择，背后都隐藏着巨大的风险。一旦做出选择，公司就会陷入进退两难的境地，这就是我们失败的原因。"

麦　夫： "我们加入PP面包协会时的不利因素是什么来着？"

芝麻彦： "我来告诉你吧，一想起来，我就来气。虽然亚式面包确实好吃，但是他们居然要求我们采购公司上一年销售额10%的量，简直就是暴行。而且PP面包协会的创会成员不需要遵守这个条件，这根本就是压榨体制。"

小照前辈： "芝麻彦说得没错。即使规定我们必须基于上一年的销售额进货，卖出亚式面包的实际销售额也很难达到销售总额的10%。我们的招牌面包美容面包也只能卖到10%。"

芝麻彦： "如果那时我们没有加入PP面包协会，现在会怎样呢？"

麦　夫： "不参加的话，就不需要接受这种不公平的分配。今年的销售应该能保持现有水平，既不会盈利也不会有什么损失。"

小照前辈： "麦夫，你这么说就不对了。如果我们不加入PP面包协会，就会被我们的竞争对手取而代之。如果竞争对手拥有我们没有的商品，对我们来说也是不利的。"

麦　夫： "那样就不太好了。两家公司本来就不相上下，怎么能输在这里呢。"

芝 麻 彦： "也就是说，我们不得不加入PP面包协会？我们不能输给

竞争对手，如果能卖亚式面包，销售额肯定会增长的。"

小照前辈： "麦夫和芝麻彦说得都有道理，但是能不能对比两个方法，

从中得出改善方案呢？"

麦　　夫： "如果加入协会，就有亚式面包库存过多，导致亏损的风

险。如果他们分配了会导致我们库存过多的份额，我们就

应该在谈判之初，做出要退出的姿态。"

芝 麻 彦： "如果在谈判过程中提出退出，那么从结果上看，和直接

拒绝加入协会是一样的。如果没有准备好下一步，我们的

弱点就会被抓住。我们需要制定一个作战计划，让我们的

退出能在一定程度上打击PP面包协会。"

小照前辈： "是的，比如说开发出一种能与亚式面包抗衡的新面包，

或者成立一个能与PP面包协会抗衡的组织。又或者，如

果我们不参加，PP面包协会就无法发展下去，等等。如果

能在谈判前多想想这些，也许就能以更有利的条件加入协

会了。"

	加入协会	不加入协会	第三方案
有利因素	销售亚式面包可以带来销售额增长。	无法销售亚式面包，当前的销售额不会有什么变化。	提出自己的方案，改变当前形势，使NICE HARVEST公司的退出会给PP面包协会带去损失，从而站在谈判的有利一方。
不利因素	如果不能完成亚式面包的销售份额，可能会受到惩罚。	如果以后协会发展壮大，很可能会被竞争对手赶超。即使那时再加入协会，能分到的利润也很少。	

利用 BATNA/ZOPA 使对方让步

麦　　夫："虽然有点晚了，但是我调查了 PP 面包协会下的成员公司。最开始，成员们是以共享人气面包的烘焙方法为目的的聚集在一起的。但是当世界闻名的宏软面包加入以后，协会就渐渐变成了以扩大亚洲地区的销量为目的的组织，对销售份额的规定也是从那个时候提出的。"

小照前辈："也就是说，有一些成员会因为方针的变化感到不满吧。"

麦　　夫："是的。虽然各成员公司的话语权本应相同，但事实上无法忽视企业规模之间的差距，所以现下大家只能对宏软面包言听计从。"

芝 麻 彦："如果是我，一定会选择和这种令人火大的家伙对着干。好想做一些让宏软面包头疼的事。"

麦　　夫："事实上，很多成员都在背地里说宏软面包的坏话。还有一些成员认为，之所以没有新成员愿意加入，是因为销售份额过于严苛。但是，这些成员都是小公司，所以都在避免正面冲突。"

小照前辈："麦夫，这可能是我们的一个机会。因为老成员和新成员都对这件事抱有不满，我们公司可以把双方的不满汇总在一起，形成其他所有成员公司与宏软公司抗衡的格局。"

麦　　夫："我听说老成员的销售份额是 4%，考虑到这些公司的利益，如果我们要求入会条件是比 4% 稍多一点的份额，他们应该会同意我们加入。"

小照前辈： "考虑到我们公司的发展速度，如果将份额定在6%，就不需要承担库存过多的风险。这样一来，我们的谈判区间应该在4%~6%。除此之外，还要给对方留点面子，我们可以主张只接受5%以下的份额，如果他们不同意，就把这种蛮横的条件告诉那些还未加入的企业。这样一来，宏软面包应该会松口。"

芝麻彦： "是啊，如果我们光想着击溃对手，而忘记保全对方的面子，那么事后两家公司之间必然会留下芥蒂。要是在谈判的时候能考虑到这些就好了……"

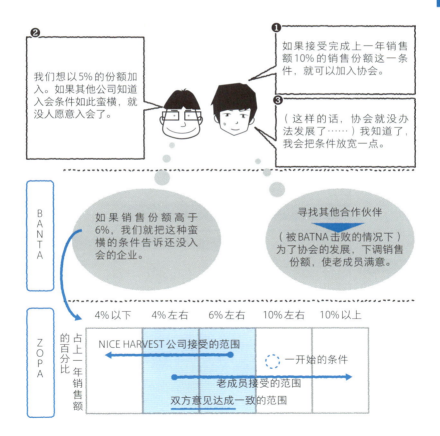

实例介绍：TPP谈判（跨太平洋伙伴关系协定）

本案例参考日本加入跨太平洋伙伴关系协定（Trans-Pacific Partnership Agreement）谈判（简称：TPP谈判）时的故事。TPP谈判一旦达成，几乎所有的日本产业都需要转型为美国式利益至上主义的经营方式，包括日本经济与文化在内的社会构造也会越来越接近美国，而这个改变带来的影响是好是坏，我们不得而知。

2011年10月，日本野田首相指示政府推进TPP谈判后，由于TPP谈判带来的冲击巨大，各媒体都进行了大肆报道，引发了社会热议。TPP推进派对有利因素中的社会结构改革抱有很大期望，而更多人认为不利因素占压倒性地位。双方的争论如同两条平行线持续不断。

大部分TPP推进派认为，不加入TPP协定，就没办法判断其内容的好坏。而另一方面，一旦加入谈判，就很难从谈判桌上离开了。这就是当时日本面临的两难境地。

但是从迄今为止的媒体报道以及相关国的发言来看，2012年之后美国的BATNA/ZOPA越来越清晰，谈判方式应该也会随之产生变化。

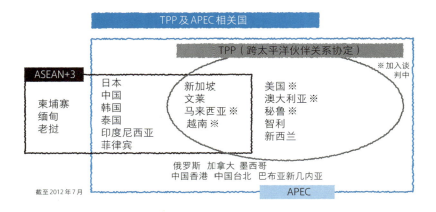

不利因素	有利因素

经济
- 工厂会加速向成本低的海外转移，大量就业者会因此失业
- 海外资本大举进入公共事业，加速当地产业低迷与衰退
- 海外资本流入国内支柱产业，相关领域的人才与技术随之流出海外
- 邮政储蓄、简易人身保险、互助事业被海外资本收购，超过数百兆日元的资金使用权被控制

- 已在国内有据点的国际性企业会由于关税废除、海外劳动力流入增强自身的竞争力
- 包括国家管制产业在内的所有产业会爆发结构改革
- TPP会从经济方面助力日美同盟，与美国的外交关系将向良好方向发展
- 海外资金的流入将加速新事业抬头

农业
- 一直以来被关税保护的国内农作物（大米税为778%）的销售额会由于关税的废除大幅度下降，农业衰退会带来失业问题以及食品安全问题

医疗
- 国民健康保险比例下降、药品价格更新导致的价格高涨，将使公共医疗制度崩坏
- 经济差距扩大导致医疗方面的损失扩大

- 劳动市场的流动性与竞争力提高，形成培育成果主义的土壤

劳动环境
- 生产力低的员工遭到大量辞退，非正式员工的雇用量增加
- 贫富差距扩大导致生活品质下降

后　记

活用思考方式和框架，将其变成商业技巧

本书中共登场了三大思考工具（逻辑思考、横向思考、批判性思考），我们不能认为只强化其中一种就大功告成了。如果拘泥于逻辑思考，做事会缺乏灵活性；太过在意横向思考，就会变得热衷于寻找新奇新颖的方法；而过于重视批判性思考，又会变得缺乏效率。

希望通过本书案例（第2章、第4章）中麦夫、芝麻彦和小照前辈的做法，让更多人明白只有当这三大思考工具处于很好的平衡时，才会帮助我们找到最好的解决方法。

当认识到自己的思考方式可能偏向于其中一种，就要试着用更平衡的方法解决工作、生活中的问题。希望大家能通过本书，认识到自己在思想上的偏颇。

同时，请深入地了解商务思维框架。我在我的上一本书《熟练掌握思维框架》中反复提到过，前人觉得有用的、能帮助我们解决问题的想法的集合（最佳方法），就是思维框架。难得有这种能让我们高效思考的框架，应该试着利用它提高我们解决问题的速度。如果能成功节省时间，那你可以用剩下的时间进行其他挑战。

本书在第3章介绍了一些可以搭配思考方式使用的框架，并在第4章介绍了具体的使用方法。其实还有很多其他的方法也被称为商务思维框架，特别是在市场交易中专用的一些思考方式，或是基于业界常识的思考方式，都已经成为标准性的做法，能帮助我们尽快地获得相关方的首肯。

如果只知道框架是什么而不加以运用，就只能停留在理论层面，

所以一定要结合具体事例进行学习，从而使这些框架成为帮助你加快思考的武器。如果你想进一步了解，可以读一读我的上一部作品《熟练掌握思维框架》。

解决问题的主要框架			提高作业效率的框架
发现问题时使用的框架	分析课题时使用的框架	评价并解决问题时使用的框架	

横向角度和纵向角度
站在相互关系的角度上
站在时间数列的角度上

[本书]

解决问题的三大思考工具
（熟练掌握商务思考方式）

熟练掌握思维框架

　　掌握解决问题时需要的逻辑思考、横向思考、批判性思考方式的基础并进行运用。

　　其次，列举了 **10种（共22个）** 能帮助你提高思考效率的 **常用商务思维框架**，并通过案例教你学会使用这些框架。

　　作为解决问题的最佳方法，从发现问题、分析课题、评价并解决问题、提高作业效率这几个方面介绍了 **12种（共46个）商务思维框架**。

　　并且教大家将多个商务思维框架搭配使用，学会制作自己的原创思维框架。

 备忘录

出版后记

早在上个世纪就风靡全球的杯装方便面是怎样诞生的？星巴克是怎样调和地域差异，扭转业绩危机的？通过伊士曼柯达公司倒闭的故事我们能够获得什么教训？在这些故事背后发挥作用的，就是逻辑思考、横向思考以及批判性思考。

想必大家对逻辑思考已耳熟能详，但仅通过这一种思考工具无法彻底解决所有商务问题。综合运用以上三种思考工具，才是解决问题的王道。

本书第一章初步介绍了三大思考工具，在第二章通过基础案例对各个思考工具的理论和一般规律进行了梳理，并分析了各自的优缺点。在第三章，作者结合多个小案例，向读者展示了22个商务思维框架，希望读者将其作为工作技巧灵活运用到个人的商务工作中。第四章中，作者综合运用22个思维框架，并借鉴了现实生活中的真实案例，以深入分析问题、直击要害的方法使解决过程更加高效。

相较于其他介绍思维方式的书籍而言，本书利用情景对话再现了商务经营的真实场景，既增加了趣味性，又有助于读者把握每种商务思维框架的用法，快速理清工作头绪，准确找到问题根源。

服务热线：133-6631-2326　188-1142-1266

服务信箱：reader@hinabook.com

后浪出版公司

2018年10月

图书在版编目（CIP）数据

解决问题的三大思考工具：逻辑思考、横向思考和
批判性思考 / (日) 吉泽准特著；张祎诺译. -- 南昌：
江西人民出版社, 2018.11
ISBN 978-7-210-10807-8

Ⅰ.①解… Ⅱ.①吉… ②张… Ⅲ.①思维方法
Ⅳ.①B80

中国版本图书馆CIP数据核字(2018)第220596号

BUSINESS SHIKOUHOU TSUKAIKONASHI BOOK
Copyright © 2012 Juntoku Yoshizawa
Chinese translation rights in simplified characters arranged with JMA MANAGEMENT
CENTER INC.
through Japan UNI Agency,Inc., Tokyo and BARDON–Chinese Media Agency,Taipei

版权登记号：14-2018-0234

解决问题的三大思考工具：逻辑思考、横向思考和批判性思考

作者：[日]吉泽准特　译者：张祎诺
责任编辑：辛康南　特约编辑：方泽平　筹划出版：银杏树下
出版统筹：吴兴元　营销推广：ONEBOOK　装帧制造：墨白空间
出版发行：江西人民出版社　印刷：北京天宇万达印刷有限公司
889 毫米 × 1194 毫米　1/32　8 印张　字数 166 千字
2018 年 11 月第 1 版　2018 年 11 月第 1 次印刷
ISBN 978-7-210-10807-8
定价：45.00 元
赣版权登字—01—2018—790

- -

零秒思考：
像麦肯锡精英一样思考

著者：[日]赤羽雄二
译者：曹倩

书号：978-7-210-09188-2
定价：32.00元
出版时间：2017.6

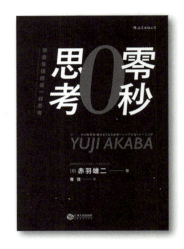

面对工作困境，怎么能瞬间看出症结所在？

如何拥有零秒制胜的惊人决断力？

麦肯锡韩国分公司创始人、

日本咨询大师倾力打造让思考语言化、

可视化、技能化的终极武器。

内容简介 |

临近deadline，还在迷迷糊糊兜圈子？工作不得要领，一番折腾后又回到原点？话在嘴边却怎么都说不出口？满脑子朦胧的想法却迟迟无法动笔写企划案？很多人都会面临这种工作困境，但至于怎么改变却总是找不到好办法。

这本书教你的就是把心中想法落实到语言和实践中的具体做法——零秒思考。

作者在麦肯锡公司的14年中，参与了企业的经营改革，深知员工的战斗力会很大程度上左右一个公司的未来，所以非常重视一个人的深入思考、制定解决方案，并能够彻底执行的能力。本书讲述的零秒思考就是他从多年实践中总结而来的。简单来说，就是运用A4纸整理思维碎片，集中1分钟时间进行"头脑体操"，从3个可行解决方案出发，高效收集目标信息。

相信这本书可以帮你告别盲目与拖延，让思考事半功倍，让工作难题迎刃而解！

零秒工作：
速度解决一切的麦肯锡工作术

著者：[日]赤羽雄二

译者：许天小

书号：978-7-210-08832-5

定价：36.00元

出版时间：2016.12

如何更快、更好地完成工作？

如何减少时间浪费，让工作进入良性循环？

活跃于麦肯锡14年的作者多年来一直在思考如何最大限度地提升工作效率，

核心就在于"速度解决一切"。

内容简介 |

　　本书作者曾在麦肯锡工作14年，一个人同时负责7-10个项目。独立创业后，同时参与数家企业的经营改革，每年举办的演讲超过50次……作者能够完成如此庞大工作量，其关键在于其工作哲学就是："思考的速度可以无限加快"和"工作的速度可以无限提升"。掌握了能够瞬间整理脑中思路的"零秒思考力"之后，你还需要能够快速、高效完成工作的"零秒工作术"。

　　本书中不仅有提升工作速度的基本观念，还有详细解说"零秒工作术"的具体做法，更有作者多年经验总结得出提升工作效率的诸多方法：凡事抢先一步做好准备，让工作进入良性循环；在电脑中登录200-300个常用词汇；利用白板提升会议效率，等等。有了这样的基础，再复杂的工作也能迎刃而解，让你在工作中充满自信。

哈佛的6堂独立思考课：
精英们都在学的自我意见建立法

著者：[日]狩野未希

译者：陈娴若

书号：978-7-210-07489-2

定价：36.00元

出版时间：2017.4

本书作者将美国哈佛大学提倡的"思考要诀"具体方法化，

并结合东方国家与欧美国家在教育模式和思维方式上的差异，

从20年实际教学经验出发，

手把手教你培养自己的"独立思考力"，

让你随时随地都能提出真知灼见，

在茫茫人海中脱颖而出！

内容简介 |

　　开会讨论时，无法顺利地表达自己的意见、提出好问题？小组报告时，无法充满自信地说出具有建设性的意见？想要让自己的意见更具体、更有说服力？这都必须依靠缜密的"独立思考"才能做到。没有经过仔细思考的意见，既不会受到其他人的信赖，也不会有影响力，更无法达到任何效果。

　　本书根据哈佛大学提倡的自我意见建立法则和批判性思考，提出了"为意见找根据""区分事实和意见""推敲自己的想法"等建立属于自己意见的6个步骤，更有诸多的实践方法让你学会真正的"独立思考"。在这个瞬息万变的社会，只有锻炼"独立思考力"才能让你脱颖而出。